BAHNHOF
SPIELWAREN
KÄSELADEN
CAFÉ
EISDIELE
SPIELPLATZ
SUPERMARKT
OLE
FRIEDRICH & WILHELM

Rotraut Susanne Berner

Karlchen für jeden Tag

ROTRAUT SUSANNE BERNER

KARLCHEN
FÜR JEDEN TAG

Zum Singen und
Machen, zum Feiern
und Lachen

Hanser

Familie und Freunde

Frühling

Sommer

Herbst

Winter

Familie und Freunde

Das ist Karlchen.

Eigentlich heißt Karlchen mit richtigem Namen Karl Nickel, aber alle sagen nur Karlchen zu ihm. Karlchen ist vielleicht drei bis sechs Jahre alt und wohnt zusammen mit seinen Eltern irgendwo – nicht weit von hier – in einem kleinen Ort. Karlchen geht in den Kindergarten, aber er kann schon bis 20 zählen und seinen Namen schreiben. Das Haustier der Familie Nickel ist ein schwarzes Huhn, und Karlchen kümmert sich um das Küken. Außerdem hat er drei Lieblingsstofftiere, die immer und überall dabei sind: Pinguin, Teddy und Hund.

Das sind Mama, Papa und Klara.

Klara ist die kleine Schwester von Karlchen. Sie ist fast so winzig wie das Küken und liegt meistens im Kinderwagen. Mit Papa ist Karlchen oft unterwegs, am liebsten mit dem Fahrrad. Mama kann die besten Geschichten erzählen und weiß, wie man das Fahrrad und den Roller repariert. Zusammen machen sie viele Ausflüge in den Wald, an den See oder zu Oma.

Das ist Oma Nickel.
Oma Nickel wohnt ganz in der Nähe, auf dem Land, und Karlchen besucht sie dort, sooft es geht. Omas Garten hinter dem Haus ist ein toller Spielplatz. Dort gibt es ein Gartenhäuschen, eine echte Gans, und man kann im Sommer die Möhrchen einfach aus der Erde ziehen. Oma macht den besten Möhrchenkuchen der Welt und hat fast immer gute Laune.

Das sind Tante Lene, Kusine Käthe und Onkel Willi.
Die drei wohnen ganz in der Nähe von Omas Haus. Karlchen und Käthe kennen sich schon immer, und manchmal darf Karlchen bei Käthe übernachten. Tante Lene kann ziemlich gut Fußball spielen, und Onkel Willis Lieblingsbeschäftigung ist essen. Am schönsten ist es, wenn Käthe und Karlchen zusammen in Omas Garten spielen können.

Das ist Ole mit seiner Mutter.
Ole wohnt in derselben Straße wie Karlchen, nur zwei Häuser weit entfernt. Er geht schon zur Schule, weiß immer alles besser und kann zaubern. Karlchen hat von ihm zwei Zaubertricks gelernt. Die Mutter von Ole ist die Freundin von Karlchens Mama, und deshalb treffen sie sich meistens einmal in der Woche im Stadt-Café im Park.

Das sind Friedrich und Wilhelm.

Friedrich und Wilhelm sehen genau gleich aus, weil sie Zwillinge sind. Fast niemand kann sie richtig auseinanderhalten. Deshalb gibt es manchmal komische Verwechslungen, zum Beispiel beim Fußball. Die beiden wohnen neben Ole und gehen mit ihm in dieselbe Schulklasse. Wenn sich alle Kinder zum Spielen treffen, sind Friedrich und Wilhelm immer dabei.

Das ist Monika mit ihrem Hund Bello.

Gleich neben Karlchen wohnt Monika mit ihrem Hund Bello. Früher hat Bello Karlchen auf dem Weg zum Kindergarten immer angebellt. Aber jetzt kennt er Karlchen schon gut. Monika ist auch eine Freundin von Käthe, und deshalb spielen sie oft zu dritt. Monika und Karlchen treffen sich jeden Tag im Kindergarten. Monika sammelt Fußballbildchen und hat Karlchen einmal eine ziemlich schöne Murmel geschenkt.

Es war eine Mutter

Das Jahreszeitenlied

2. Der Frühling bringt Blumen, der Sommer den Klee,
der Herbst, der bringt Trauben, der Winter den Schnee.

3. Im Frühling gibt's Möhrchen, im Sommer Salate,
der Herbst bringt uns Pilze, der Niklaus Schokolade.

Das Ei

Es fiel einmal ein Kuckucksei
vom Baum herab und ging entzwei.

Im Ei da war ein Krokodil;
am ersten Tag war's im April.

Joachim Ringelnatz

FRÜHLING

Aufs Wetter ist heut kein Verlass,
und auf dem Weg wird Karlchen nass.

Im Schnee bekommt er kalte Öhrchen,
drum schenkt der Schneemann ihm ein Möhrchen.

Frühling bei Oma im Garten

„Schau mal, Karlchen", sagt Oma und legt eine kleine Tüte auf den Tisch, „in dieser Tüte sind mindestens 100 Möhrchen."
„Stimmt gar nicht", sagt Karlchen, „da passt ja nicht mal ein einziges Möhrchen rein!"
„Du wirst schon sehen", sagt Oma. „Komm, wir gehen in den Garten, und da zeige ich dir, wie man aus den Samen in der Tüte ganz viele Möhrchen macht. Das ist gar nicht so schwer."
Zuerst holen sie Rechen und Hacke aus dem Gartenhäuschen.
Im Garten gibt es eine Ecke, in der noch nichts wächst und nur Erde ist.
„Hier hinter den Erdbeeren sind wir richtig", sagt Oma, „das wird unser Gemüsebeet. Aber zuerst muss das Unkraut raus und auf den Komposthaufen. Und dann lockern wir die Erde, die braucht nach dem langen Winter Luft und Licht."
„Iiih, da ist ein riesiger Regenwurm, Oma!", ruft Karlchen.
„Super", sagt Oma, „der kann uns helfen. Er macht nämlich genau das Gleiche wie wir mit Hacke und Rechen, nur viel besser. Also immer schön vorsichtig sein mit Regenwürmern, die sind sehr nützlich."
Bald haben Karlchen und Oma die Erde fein gehackt und schön glatt gestrichen, und zum Schluss macht Oma mit ihrer Hacke drei lange Rillen in die Erde.
„Das ist das Bett für die Samen, und jetzt wird gesät. Du darfst bestimmen, wo die Möhrchen wachsen sollen, Karlchen."
„Hm", sagt Karlchen, „direkt hinter den Erdbeeren?", und er zeigt auf die erste Reihe. „Hoffentlich lässt mir die Gans was übrig, die mag nämlich Möhrchen genauso gerne wie ich."
„Gute Idee, dann säen wir dahinter die Radieschen und den Spinat und an den Zaun noch Erbsen und Sonnenblumen", sagt Oma.
„Blumen kann man doch nicht essen", sagt Karlchen.
„Nein, aber sie sind schön und außerdem wichtig für die Bienen", sagt Oma und macht die Tüte mit den Möhrchensamen auf. Sie schüttet die winzigen Samen auf ihre linke Hand. „Schau, Karlchen, in jedem Samenkorn steckt eine Möhre. Wenn die Samen in der Erde sind, brauchen wir nur noch Sonne, Wärme, Wasser und Geduld. Es dauert nämlich schon ein paar Wochen, bis du deine eigenen Möhrchen ernten kannst. Radieschen und Spinat sind da viel schneller."
Nach dem Säen werden die Rillen mit feiner Erde zugedeckt und zum Schluss noch vorsichtig gegossen. Oma steckt an jede Reihe kleine Schilder in die Erde, auf denen steht: Möhrchen, Spinat, Radieschen, Sonnenblumen und Erbsen. Als sie endlich fertig sind, wird es schon ein bisschen dunkel.
„Gut, dass du mir geholfen hast, Karlchen", sagt Oma, „das war ganz schön anstrengend."
„Ja", sagt Karlchen, „ich bin eben auch nützlich. Genau wie ein Regenwurm."

Basteln für Ostern

Heute regnet es schon den ganzen Tag. Karlchen kommt aus dem Kindergarten nach Hause und hat schlechte Laune.
„Ich wollte doch mit Monika Roller fahren. Was gibt es denn heute zu essen?", fragt er.
„Ich mache ein Omelett, Karlchen. Weil wir viele Eier essen müssen."
„Warum?", fragt Karlchen.
„Bald ist Ostern, und es wird höchste Zeit, mit den Vorbereitungen anzufangen. Schau, hier sind schon ganz viele ausgeblasene Eierschalen."
Auf dem Tisch steht ein Korb mit weißen und braunen Eiern. Die hat Mama heute Morgen schon ausgepustet. „Die schönsten Eier bemalen wir für den Osterstrauß, und mit den anderen, die an einer Stelle ein bisschen kaputt sind, können wir auch noch was Schönes machen", sagt Mama.
„Wer kommt denn an Ostern zum Frühstück?", fragt Karlchen.
„Oma, Onkel Willi, Tante Lene und Käthe mit Friedrich und Wilhelm. Und ich habe auch schon eine Idee, was wir mit den leeren Eierschalen machen können, damit jeder seinen Platz am Frühstückstisch gleich findet."
„Und ich weiß auch schon, was ich auf ein Ei male", sagt Karlchen und nimmt ein weißes Ei aus dem Korb. „Nämlich eine Sonne und einen Roller."
„Gute Idee", sagt Mama, „wenn Monika nachher kommt, können wir ja alle zusammen malen und basteln."

Familie Kresse

Wir brauchen:
Klopapierrollen
buntes Papier
Klebstoff
Plakafarben
ausgeblasene Eierschalen
Blumenerde
Kressesamen

Zuerst werden die Klopapierrollen in der Länge halbiert. In die sollen dann später die Eierköpfe gesetzt werden. Die Eierschalen am spitzen Ende vorsichtig für die Öffnung abknibbeln. Jetzt bekommen die Eierschalen ein Gesicht. Als Nächstes werden die Papprollen bemalt oder beklebt: vielleicht eine Krawatte für Onkel Willi oder eine schöne Kette für Tante Lene? Mama schreibt vorne noch die Namen drauf. Zum Schluss wird in jedes Ei feine Blumenerde eingefüllt, und darüber kommt eine dünne Schicht Kressesamen. Alles vorsichtig andrücken und ein wenig anfeuchten. In wenigen Tagen wächst aus den Eiern eine grüne Kressefrisur, wenn sie bis dahin Licht bekommen (zum Beispiel auf dem Fensterbrett) und regelmäßig feucht gehalten werden.

Nach dem Mittagessen klingelt Monika. Sie hat auch noch eine Idee für den Ostertisch. „Wir machen einen extralangen Festzug, so lang wie der Tisch, und dafür basteln wir viele bunte Wagen aus Papier."

„Ich helfe euch", sagt Mama und holt aus der großen Bastelkiste farbigen Karton und Klebstoff. „Am Ostermorgen holen wir dann noch Gras und Blumen aus dem Garten", sagt Mama. „Die legen wir in die Wagen und obendrauf Eier, Süßigkeiten und Geschenke."

„Bei mir dürfen auch noch alle meine Spielfiguren mitfahren", sagt Monika.

„Und bei mir", sagt Karlchen, „sitzt ganz vorne Pinguin. Der ist der Lokomotivführer."

Oster-Festzug

Zuerst werden die kleinen Wagen gebaut. Das ist einfach. Mama zeichnet die Formen auf bunten Karton. Sie schneidet sie aus, faltet und klebt sie zusammen. Die Räder werden extra ausgeschnitten und von außen an die Wagen geklebt.

Am Schluss werden die einzelnen Wagen mit kleinen Papierstreifen zu einem langen Zug verbunden. Man kann die Wagen auch noch schön bemalen und verzieren und für den Ostertisch mit frischem Gras und Blumen schmücken.

Wir brauchen:

- bunten Karton
- Klebstoff
- Lineal
- Bleistift
- Schere

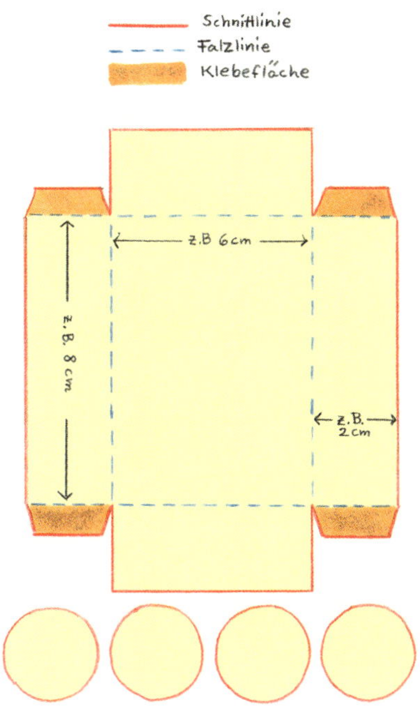

Backen für das Osterfrühstück

„Hilfst du mir beim Backen, Karlchen?" Mama setzt Klara in den Kinderstuhl und gibt ihr einen Kochlöffel zum Spielen. „Zuerst brauchen wir den Teig, den hast du doch schon mal an Weihnachten mit mir gemacht. Weißt du noch, was da alles reinkommt?"
„Eier, Mehl, Zucker und Butter", sagt Karlchen.
„Genau. Weißt du auch noch, wo die Ausstechförmchen sind? Du könntest sie schon mal holen und alle Formen aussuchen, die zu Ostern und Frühling passen."
Karlchen holt die große Dose aus dem Küchenschrank und findet die Förmchen für ein Schäfchen, einen Hasen, ein Huhn, ein Küken und eine Gans. Zum Schluss legt er noch einen Pinguin, einen Teddy, einen Hund und einen Tannenbaum auf den Tisch.
„Findest du, dass der Tannenbaum passt, Karlchen?", fragt Mama. „Der gehört doch eigentlich zu Weihnachten."
„Doch, der passt schon. Auf die Tannenbaumkekse mache ich bunte Punkte, wie an Weihnachten. Das sind aber keine Äpfel oder Glaskugeln, sondern viele bunte Eier."
„Gut", sagt Mama, „dann machst du das so. Es sieht sicher schön aus."

Plätzchenteig Grundrezept

Die Butter mit Puderzucker und Salz sehr cremig schlagen und das Ei unterrühren. Das Mehl mit der Butter-Zucker-Mischung zu einem festen Teig verkneten. Etwa 30 Min. zugedeckt kalt stellen.
Den Plätzchenteig etwa 3 mm dick ausrollen und ausstechen. Im Backofen bei 200 °C etwa 5–10 Min. hellgelb backen und abkühlen lassen.

Zutaten
für den Teig:
200 g Butter
200 g Puderzucker
1 Prise Salz
1 Ei
300 g Mehl

Kokos-Schäfchen

Aus dem Plätzchenteig die Schäfchen ausstechen und wie angegeben backen. Jetzt können sie verziert werden.
So viel Saft zum Zucker geben und unterrühren, bis die Glasur glatt und eher etwas dickflüssig ist. Die Kokosraspel auf einen Teller streuen.
Die Lämmchen werden an den Stellen mit Glasur bepinselt, wo sie ein Kokosraspel-Fell haben sollen und gleich anschließend in die Kokosraspel gedrückt. Dann ganz vorsichtig abklopfen und antrocknen lassen. Mit einem Pinsel und flüssiger dunkler Schokolade kann man den Schäfchen auch noch ein Gesicht malen.

Zutaten
1 Portion Plätzchenteig (siehe oben)
für die Glasur:
250 g Puderzucker
3–4 EL Zitronensaft
(zur Verzierung aller anderen Plätzchen die Glasur mit Lebensmittelfarben färben)
Kokosraspel
dunkle Schokolade

Ostern bei Familie Nickel

Karlchen lernt rechnen

Nach dem großen Osterfrühstück gehen alle in den Garten. Zum Glück ist das Wetter schön, und alle Ostereier sind im Freien versteckt.
„Der Osterhase hat für jedes Kind gleich viele Eier versteckt", sagt Papa und gibt Karlchen, Käthe, Friedrich und Wilhelm je einen Eierkarton. „Es ist wichtig, dass ihr von jeder Farbe zwei findet. Im Ganzen gibt es fünf Farben: Rot, Grün, Blau, Gelb und Rosa."
Karlchen findet gleich ein rotes Ei unter dem Fliederbusch. An der Regentonne liegt ein gelbes Ei, hinter der Mülltonne findet er zusammen mit Käthe ein blaues Ei.

„Ich habe es zuerst gesehen", sagt Karlchen.
„Stimmt nicht", sagt Käthe und entdeckt im Fahrradkorb ein rosa Ei. „Das blaue habe ich schon aus 1000 Metern gesehen. Aber du kannst es haben, weil ich sowieso viel lieber das rosa Ei möchte!"
In Karlchens Eierschachtel sind jetzt 3 Eier und 7 leere Fächer.
Friedrich hat schon 6 Eier gefunden, Wilhelm nur ein einziges. Tante Lene hilft ihm.
„Ganz kalt, Wilhelm", sagt sie, als er zum dritten Mal unter den Fliederbusch schaut, und dann: „Warm, wärmer, fast heiß!"
Wilhelm bückt sich, und tatsächlich liegt ein grünes Ei direkt vor ihm im Blumenbeet.
Karlchen hat inzwischen noch 6 Eier gefunden: ein rotes, ein gelbes, ein rosarotes

und leider drei grüne. Das dritte grüne hat er heimlich zurückgelegt. Jetzt sind 8 Eier in seinem Karton. Er schaut zu Käthe. Sie hat schon alle 10 Eier gefunden! Friedrich hat 9 Eier, das kann Karlchen von Weitem sehen, weil im Eierkarton nur noch ein Platz frei ist. In Karlchens Eierkarton passen noch zwei Eier rein.
Ganz hinten im Garten, beim Komposthaufen, findet er noch ein blaues Ei. Jetzt fehlt ihm nur noch ein rosarotes. Unter der Birke, wo Onkel Willi sitzt, schimmert es rosa – aber Karlchen findet nur rosarote Eierschalen. Onkel Willi kaut und sagt: „Tut mir leid, Karlchen, ich habe mich aus Versehen draufgesetzt. Und weil das Ei kaputt war, habe ich es gleich aufgegessen. Du bekommst ein anderes von mir." Käthe, Friedrich und Wilhelm haben ihre Kartons schon auf den Gartentisch gelegt. Karlchen stellt seinen dazu. Die Kartons sind voll, und in jedem liegen immer 2 Eier von der gleichen Farbe.

Nur Karlchen hat ein Ei mit blauen und roten Tupfen. Das von Onkel Willi.
„Wer weiß, wie viele Eier es im Ganzen sind?", fragt Oma.
„Ich habe 10 Eier", sagt Karlchen. „Und die anderen auch."
„Stimmt genau, Karlchen", sagt Oma. „Und wenn du sie jetzt alle zusammenzählst, dann gibt das 4 mal 10, also 40. "
„Ich kann nur bis 20 zählen", sagt Karlchen.
„Dann weißt du ja, wie viele rote Eier hier auf dem Tisch sind", sagt Mama.
„Das ist leicht", sagt Karlchen und zählt ganz schnell. „Es sind 8 rote Eier."
„Und wie viele rosa Eier sind hier, Onkel Willi?", fragt Papa.
„Ich weiß es, ich weiß es", ruft Karlchen. „Es sind nur 7!"

Spiele im Freien

Samstags gehen Karlchen und Papa immer einkaufen. Wenn sie zurückkommen, spielt Karlchen am liebsten draußen mit seinen Freunden. Heute ist es schon richtig warm, und alle treffen sich bei Ole hinter dem Haus auf dem Wäscheplatz.
„Kennt ihr das große Krabbeln?", fragt Monika.
„Klar, und ich kenne auch die Spielregeln", sagt Friedrich. „Man braucht zwei Mannschaften. Wilhelm, Monika und Karlchen sind eine Mannschaft. Ole, Käthe und ich sind die andere Mannschaft." Er macht mit Kreide einen langen Strich auf den Boden.
„Das ist die Startlinie. Und ganz da hinten brauchen wir noch eine Linie, da muss man umdrehen." Er zeichnet einen zweiten langen Strich am anderen Ende des Wäscheplatzes auf den Boden. „Es ist ein Wettlauf, aber normal laufen ist nicht erlaubt, man muss auf Händen und Füßen krabbeln wie ein Käfer. Gewonnen hat die Mannschaft, die als erste zurück am Start ist."

Das große Krabbeln

Beide Mannschaften stehen an der Startlinie, jeweils hintereinander. Monika und Ole krabbeln als Erste los. An der Wendelinie müssen sie umdrehen und zurückkrabbeln. Kaum ist Monika wieder an der Startlinie angekommen, startet Karlchen als zweiter ihrer Mannschaft. Ole von der anderen Mannschaft war ein bisschen langsamer, deshalb ist Karlchen vor Käthe. Die Letzten sind Friedrich und Wilhelm. Friedrich ist so schnell, dass er unterwegs seinen Bruder einholt, und damit hat seine Mannschaft gewonnen. Das Spiel hat so viel Spaß gemacht, dass sie es ein paarmal wiederholen.

Komm mit oder lauf weg

Ole, Friedrich, Karlchen, Monika und Käthe stellen sich in einem Kreis auf, mit dem Gesicht zur Mitte. Wilhelm ist der Fänger und läuft außen um den Kreis herum. Als er bei Karlchen vorbeikommt, berührt er ihn am Rücken. Dabei ruft er entweder „Komm mit!" oder „Lauf weg!".

Wilhelm ruft „Lauf weg!", und Karlchen läuft – anders als Wilhelm – links um den Kreis herum. Beide wollen auf den leeren Platz im Kreis, an dem Karlchen vorher stand. Wilhelm schafft es als Erster, und deshalb ist Karlchen jetzt der Fänger und läuft außen um den Kreis herum. Er tippt Monika auf den Rücken: „Komm mit!", ruft er laut, und beide rennen nebeneinander her um den Kreis herum, bis sie an Monikas leerem Platz sind. Karlchen ist der Sieger, und Monika wird die Fängerin.

Wettrennen der Störche

Wieder gibt es zwei Mannschaften. Diesmal sind Käthe, Friedrich und Karlchen zusammen. Sie stellen sich hintereinander auf. Auch Ole, Monika und Wilhelm stellen sich hintereinander auf. Beide Mannschaften sind jetzt an der Startlinie, aber alle dürfen nur auf einem Bein stehen. Der hochgehobene Fuß wird vom Kind dahinter festgehalten. Und so müssen alle gemeinsam bis zur Ziellinie auf einem Bein hopsen. Gewonnen hat die Mannschaft, die als erste das Ziel erreicht, ohne dass einer den Boden mit dem zweiten Bein berührt hat. Oles Mutter kommt gerade vorbei und gibt das Startzeichen: „Auf die Plätze, fertig, los!", ruft sie laut. „Wenn das Spiel zu Ende ist, gibt es für alle Saft und Honigbrote."

Kuckuck, kuckuck, ruft's aus dem Wald

Papa und Karlchen fahren heute mit dem Zug in die große Stadt.
Auf dem Weg zum Bahnhof bleibt Papa stehen: „Hast du das gehört, Karlchen?"
„Was denn?", fragt Karlchen.
„Den Kuckuck. Psst, horch doch mal!"
Tatsächlich, man kann es ganz deutlich hören, fünfmal hintereinander: *Kuckuck, kuckuck, kuckuck, kuckuck, kuckuck.*
„Monika hat eine Uhr zu Hause, Papa", sagt Karlchen. „Da schaut ein Kuckuck raus, der weiß immer ganz genau, wie viel Uhr es ist."
„Der echte Kuckuck wohnt im Wald und nicht in einer Uhr", sagt Papa. „Aber wenn man ihn hört, dann weiß man, dass es Frühling ist."
„Warum?", fragt Karlchen.
„Weil er ein Zugvogel ist, genau wie der Storch. Im Winter lebt er in Afrika, und im Frühling kommt er wieder."
„Mit dem Zug?"
„So ein Zugvogel braucht keinen Zug. Stell dir vor, ein Kuckuck kann über 2000 Kilometer ohne Pause fliegen und ist so schnell wie ein Auto. Er muss nämlich im April spätestens wieder hier sein."

„Warum?", fragt Karlchen.

„Er muss wieder zurück sein, wenn alle anderen Vögel Nester bauen und Eier legen. Die Kuckucke bauen nämlich kein eigenes Nest wie die Amseln in Omas Garten. Die Kuckucksmutter legt ihre Eier einfach in fremde Vogelnester und lässt ihre Kinder von anderen kleinen Vögeln ausbrüten und füttern, zum Beispiel von einem Rotkehlchen. Die fremden Eltern merken das gar nicht, obwohl das Kuckuckskind viel größer ist."
„Ich bin froh, dass ich kein Kuckuckskind bin", sagt Karlchen.
„Warum?", fragt Papa.
„Dann wäre ich in einem fremden Nest, und vielleicht würde mich Onkel Willi füttern. Bei ihm müsste ich bestimmt jeden Tag Rosenkohl essen."

Der Kuckuck und der Esel

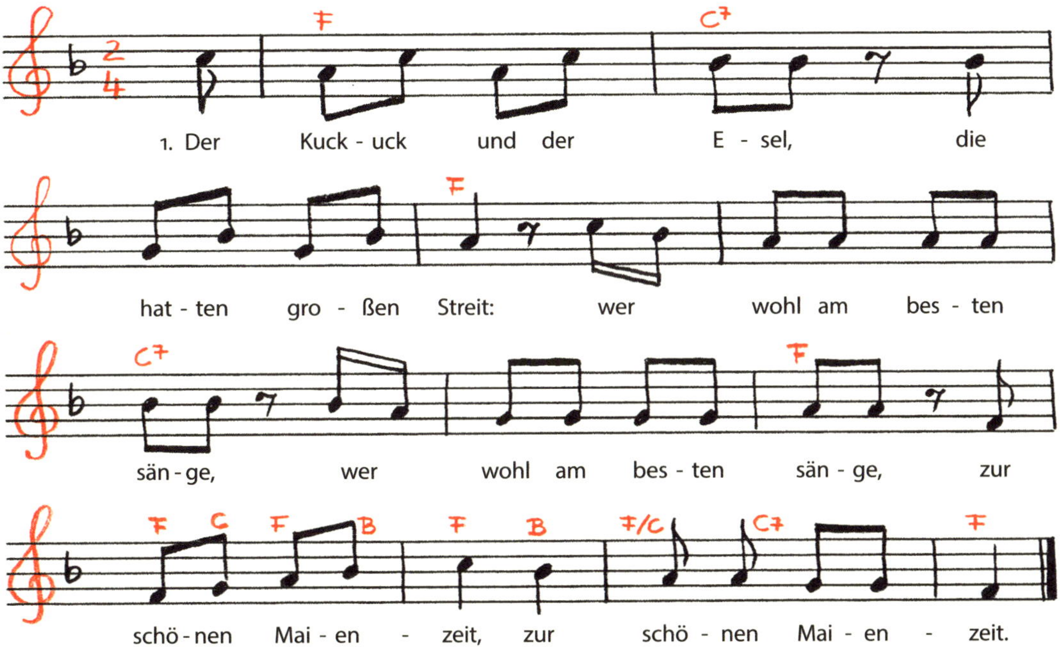

2. Der Kuckuck sprach: Das kann ich
und fing gleich an zu schrein.
Ich aber kann es besser,
ich aber kann es besser,
fiel gleich der Esel ein,
fiel gleich der Esel ein.

3. Das klang so schön und lieblich,
so schön von fern und nah.
Sie sangen alle beide,
sie sangen alle beide,
kuckuck, kuckuck i-a,
kuckuck, kuckuck, i-a.

Ausflug im Frühling

Heute machen Karlchen und Papa einen Ausflug. Mit Rucksack und Fernglas.
Papa steckt noch zwei Brote, einen Apfel, die Thermoskanne, eine Schere, Handschuhe und eine große Papiertüte ein. Dann geht es los. Gleich hinter dem Haus steigen sie in den Bus, und nach vier Haltestellen sind sie am Ziel angekommen. Jetzt müssen sie nur noch die Landstraße überqueren, dann sehen sie schon von Weitem den Wald und davor die Wiese mit dem kleinen See. Es ist warm geworden, und Karlchen zieht Anorak und Schuhe aus. „Ich gehe barfuß", sagt er.
„Damit musst du bis zum Sommer warten, Karlchen. Der Boden ist noch viel zu kalt. Schau mal, hier blühen schon die ersten Frühlingsblumen, und für das Abendessen sammeln wir Wildkräuter. Zum Beispiel Löwenzahn, den kennst du doch schon."
„Hier ist gar kein Löwenzahn", sagt Karlchen, „ich weiß genau, wie der aussieht. Er blüht gelb, und später ist er eine Pusteblume."
„Stimmt", sagt Papa, „für die Blüten ist es noch zu früh, aber die Blätter kann man essen, sie sind jetzt besonders gut, genauso wie die von Brennnesseln."
„Die kenne ich auch – von Oma", sagt Karlchen. „Die sind gefährlich, weil sie brennen."
„Genau. Essen kann man sie aber trotzdem. Wenn man Spinat daraus macht, brennen sie nicht mehr. Aber zum Abschneiden ziehe ich doch lieber die Handschuhe an."
Papa zeigt Karlchen, wie die Löwenzahnblätter und die jungen Brennnesseln aussehen. Dann entdeckt Karlchen eine Stelle mit vielen kleinen Löwenzahnblättern. „Ich pflücke den Löwenzahn, Papa, der ist nicht so wild wie die Brennnesseln!" Als die große Tüte mit Brennnesseln und Löwenzahn voll ist, sagt Papa: „Jetzt gibt es etwas zu essen, Karlchen", und er holt die Brote aus dem Rucksack. „Komm, lass uns Blumen- und Tiernamen raten. Aber nur die, die wir hier sehen können. Also, ich sehe zum Beispiel eine kleine weiße Blume, und in ihrem Namen kommt ein Tier vor, das du gut kennst."
Karlchen schaut sich um. „Das ist ja babyleicht, Papa. Das ist das Gänseblümchen."
„Sehr gut, Karlchen. Jetzt kommst du dran."
„Ich sehe eine blaue Blume. Sie ist auch sehr klein und riecht gut."
„Ich sehe hier nur eine blaue Blume, Karlchen. Meinst du das Veilchen?"
„Ja. Das kenne ich auch von Oma. Jetzt bist du wieder dran, Papa."
„Das Tier, das du raten musst, kann ich zwar nicht sehen, aber dafür kann ich es hören. Es ist grün und kann im Wasser und auf dem Land leben."
Karlchen spitzt die Ohren. „Das ist leicht! Es ist ein Frosch! Ich höre ihn quaken. Wo kann er nur sein, Papa? Wir müssen ihn nachher am See suchen. Aber jetzt musst du auch ein Tier raten. Es ist gelb und kann fliegen."
Papa schaut in die Luft und sagt: „Der Zitronenfalter?"
„Nein", sagt Karlchen, „es ist ein Schmetterling."
„Genau. Der Schmetterling heißt Zitronenfalter, weil er so gelb wie eine Zitrone ist.

Jetzt bin ich wieder dran. Ich sehe ein Tier, das ist sehr schüchtern und sehr langsam."
Karlchen schaut in die Luft, dann auf die Erde, dann nach rechts und links: „Ich weiß nicht, welches Tier du meinst, Papa."
„Gut, noch ein Tipp: Das Tier ist immer zu Hause." Karlchen lacht und hebt ein Schneckenhaus auf. „Du meinst die Schnecke. Schau mal, Papa, die Haustüre ist zu!"
„Das machen die Schnecken im Winter, damit sie nicht erfrieren. Jetzt du wieder."
„Es ist schon wieder ein Tier. Und es ist nützlich und rosabraun."
„Nützlich und rosabraun – das ist schwer. Was könnte das bloß sein? Kannst du mir noch mehr sagen, zum Beispiel, ob es fliegen kann oder was es am liebsten isst?"

WO HAT SICH DER FROSCH VERSTECKT?

1. Brennnessel
2. Biene
3. Wiesenschaumkraut
4. Scharbockskraut
5. Regenwurm
6. Zitronenfalter
7. Gänseblümchen
8. Schnecke
9. Löwenzahn
10. Marienkäfer
11. Huflattich
12. Schlüsselblume
13. Veilchen

Auflösung auf Seite 110

„Es kann nicht fliegen, und es isst am liebsten Erde."
„Ach so, jetzt weiß ich es. Du meinst den Regenwurm. Jetzt frage ich dich aber auch etwas Schweres: Ich sehe ein Tier. Es ist klein und rot und hat schwarze Punkte."
Karlchen schaut sich um. „Ich weiß, was es ist. Aber wo ist der Marienkäfer, Papa?"
„Auf deinem linken Ohr, Karlchen!", lacht Papa.

Heute gibt es Pfannkuchen

„Was wollen wir essen?", fragt Papa, als sie vom Spaziergang zurückkommen. „Pfannkuchen", sagt Karlchen schnell. „Süße Pfannkuchen!"
„Gut", sagt Papa, „dann machen wir für dich einen Apfelpfannkuchen. Ich möchte meinen Pfannkuchen aber lieber mit Spinat. Beide können wir aber aus demselben Teig machen. Und zum Nachtisch gibt es noch das Märchen vom dicken fetten Pfannkuchen als Gutenachtgeschichte."

Pfannkuchenteig Grundrezept

Zutaten
für 4 Portionen:
4 Eier
250 g Mehl
250 ml Milch
100 ml Sahne
1 Prise Salz
100 g geschmolzene Butter
Butter zum Backen

Zuerst zeigt Papa Karlchen, wie man Eier aufschlägt und das Eiweiß vom Eigelb trennt. Karlchen siebt das Mehl in eine große Schüssel, und Papa gibt Milch, Sahne, Salz, Butter und die Eigelbe dazu. Dann wird alles gut mit dem Schneebesen verrührt. Das Eiweiß in einer anderen Schüssel nicht ganz steif schlagen und vorsichtig unter den Teig heben.
Der Teig soll ziemlich flüssig sein und kommt für eine Stunde zugedeckt in den Kühlschrank. Danach backt man die Pfannkuchen in der Pfanne in etwas Butter.
Man kann Pfannkuchen auch mit Marmelade oder Apfelmus bestreichen und aufrollen – oder mit Zimt und Zucker bestreuen.

Apfelpfannkuchen

Zutaten
für 4 Portionen:
1 Portion Pfannkuchenteig (siehe oben)
4 Äpfel
2 Spritzer Zitronensaft
5 EL Zucker
4 EL Butter
Puderzucker

Die Äpfel schälen, vierteln, das Kerngehäuse entfernen und die Apfelviertel in möglichst gleiche dünne Spalten schneiden. Mit Zitronensaft beträufeln. In einer großen beschichteten Pfanne die Butter zerlassen und ein Viertel des Teigs verteilen. Die Äpfel schön gleichmäßig rundum darauf geben.
Die Pfannkuchen von beiden Seiten backen. Vor dem Servieren mit Puderzucker bestreuen.

Pfannkuchen mit Spinat

Dafür würzt man den Teig mit noch ein bisschen mehr Salz und Paprikapulver.

Den Spinat putzen, waschen und abtropfen lassen.

Die Zwiebeln schälen, fein schneiden und in einer Pfanne in Olivenöl anschwitzen. Blattspinat zugeben und zusammenfallen lassen.

Den Spinat auf ein Sieb geben, gut ausdrücken und danach auf einem Küchenbrett klein schneiden. Spinat, Rosinen und Teig vermischen und daraus in einer großen beschichteten Pfanne mit etwas Öl dicke fette Pfannkuchen backen.

Zutaten

für 4 Portionen:

1 Portion Pfannkuchenteig (siehe Grundrezept)
etwas Meersalz
1 Prise Paprikapulver, edelsüß
500 g junger Blattspinat
2 kleine Zwiebeln
2 EL Olivenöl
1 EL Rosinen
Öl zum Backen

Das Märchen vom dicken fetten Pfannkuchen

Es waren einmal drei alte Frauen, die wollten gern einen Pfannkuchen essen. Die erste brachte ein Ei mit, die zweite Milch und die dritte Butter und Mehl. Als der dicke fette Pfannkuchen fertig war, schaute er aus seiner Pfanne heraus, sprang über den Herd und lief den drei alten Frauen davon und *kanntapper, kanntapper* in den Wald hinein.

Da begegnete ihm ein Hase und rief: „Dicker fetter Pfannkuchen, bleib stehen, ich will dich fressen!" Der Pfannkuchen antwortete: „Ich bin drei alten Frauen entlaufen und soll dir Hase Wackelschwänzchen nicht entkommen?", und lief *kanntapper, kanntapper* in den Wald hinein.

Da kam ein Wolf angelaufen und rief: „Dicker fetter Pfannkuchen, bleib stehen, ich will dich fressen!" Der Pfannkuchen antwortete: „Ich bin drei alten Frauen und Hase Wackelschwänzchen entlaufen und soll dir Wolf Schlitzohr nicht entkommen?", und lief *kanntapper, kanntapper* in den Wald hinein.

Da kam eine Ziege angehüpft und rief: „Dicker fetter Pfannkuchen, bleib stehen, ich will dich fressen!" Der Pfannkuchen antwortete: „Ich bin drei alten Frauen, Hase Wackelschwänzchen, Wolf Schlitzohr entlaufen und soll dir Ziege Langbart nicht entkommen?", und lief *kanntapper, kanntapper* in den Wald hinein.

Da kam ein Pferd angesprungen und rief: „Dicker fetter Pfannkuchen, bleib stehen, ich will dich fressen!" Der Pfannkuchen antwortete: „Ich bin drei alten Frauen, Häschen Wackelschwanz, Wolf Schlitzohr, Ziege Langbart entlaufen und soll dir Pferd Plattfuß nicht entkommen?", und lief *kanntapper, kanntapper* in den Wald hinein.

Da kam ein Schwein dahergerannt und rief: „Dicker fetter Pfannkuchen, bleib stehen, ich will dich fressen!" Der Pfannkuchen antwortete: „Ich bin drei alten Frauen, Häschen Wackelschwanz, Wolf Schlitzohr, Ziege Langbart, Pferd Plattfuß entlaufen und soll dir Schweinchen Ringelschwanz nicht entkommen?", und lief *kanntapper, kanntapper* in den Wald hinein.

Da kamen drei Kinder daher, die hatten keinen Vater und keine Mutter mehr und sprachen: „Lieber Pfannkuchen, bleib stehen! Wir haben noch nichts gegessen den ganzen Tag!" Da sprang der dicke fette Pfannkuchen den Kindern in den Korb und ließ sich von ihnen essen.

April, April

Karlchen lernt die Monatsnamen

Am Wochenende übernachtet Karlchen bei Käthe.
Gleich nach dem Aufwachen schaut er aus dem Fenster.
„Hilfe, Käthe, schau mal, es schneit! Aber es ist doch Frühling!"
„Das kann schon mal passieren", sagt Tante Lene beim Frühstück. „April, April, der weiß nicht, was er will …"
„Was ist eigentlich ein April?", fragt Karlchen.
„April ist der Name von einem Monat, genauso wie Mai oder Juni. Ein Jahr hat 12 Monate, und wenn alle Monate vorbei sind, ist auch ein Jahr vorbei", sagt Käthe. „Das haben wir in der Schule schon alles gelernt."
„Und warum haben die Monate Namen?", fragt Karlchen weiter.
„Damit wir zum Beispiel wissen, wann dein Geburtstag ist."
„Das weiß doch jeder, wann ich Geburtstag habe, nämlich im Sommer."
„Genau, Karlchen", sagt Onkel Willi. „Aber der Sommer ist lang, und damit wir ganz genau wissen, an welchem Tag im Sommer wir zu deinem Geburtstag eingeladen sind, braucht man den Monat und den Tag. Dein Geburtstag ist im August, da gibt es immer die leckeren Himbeertörtchen!"
„August?", sagt Karlchen. „Ist das auch ein Monat?"
„Ja", sagt Tante Lene, „willst du wissen, wie alle 12 Monate heißen?"
„Ach nö, das ist bestimmt langweilig", sagt Karlchen.
„Und ich kenn die schon alle, ich verwechsle nur immer den Juli und den Juni", sagt Käthe. „Januar, Februar, März, April, Mai, Juli, Juni – nein: Juni, Juli, August, September, Oktober, November, Dezember."
„Stimmt genau", sagt Tante Lene, „aber dieses schöne Monatsgedicht kennt ihr bestimmt noch nicht. Das lese ich euch jetzt vor."

Wie sich das Galgenkind die Monatsnamen merkt

Jaguar
Zebra
Nerz
Mandrill

Maikäfer
Pony
Muli
Auerochs

Wespenbär
Locktauber
Robbenbär
Zehenbär.

Christian Morgenstern

Zebra
Jaguar
Nerz
Mandrill
Pony
Muli
Maikäfer
Auerochs
Wespenbär
Locktauber
Robbenbär
Zehenbär

Über die Frösche

„Ich bin ein Laubfrosch", sagt Karlchen und klettert auf den Fliederbusch.
„Frösche können doch nicht klettern", sagt Oma.
„Doch, können sie", sagt Karlchen, „das haben wir gestern im Kindergarten gelernt. Wir waren im Park, und da gab es tausend Frösche und Quaulkappen."
„Tatsächlich? Was sind denn Quaulkappen, Karlchen?"
„Das sind die Kinder von den Fröschen, die aus den Froscheiern schlüpfen."
„Ach so, du meinst Kaulquappen. Quaulkappen ist ein schönes Wort, das gefällt mir noch besser als Kaulquappen."
„Ja, die Kaulquappen sind winzig klein. Sie leben im Wasser und haben einen langen Schwanz und überhaupt keine Beine. Die wachsen später, zuerst hinten und dann vorne. Und ganz am Schluss, wenn sie größer sind, ist der Schwanz weg. Das dauert sieben Wochen. Kaulquappen können unter Wasser atmen. Aber später, wenn sie fertige Frösche sind, können sie auch an der Luft atmen – wie wir."
„Du weißt aber gut Bescheid, Karlchen", sagt Oma. „Weißt du auch, was die Frösche im Winter machen?"
„Winterschlaf?", fragt Karlchen.
„So was Ähnliches. Man nennt es Winterstarre. Wenn es kalt wird, verstecken sie sich an einem sicheren Platz und bewegen sich nicht mehr. Erst wenn es im Frühling wärmer wird, erwachen sie wieder. Wo bist du eigentlich, Karlchen? Ich kann dich nicht sehen!"

„Weil ich eine Tarnfarbe habe wie der Laubfrosch, Oma", ruft Karlchen aus dem Fliederbusch, „damit der Storch mich nicht findet. Der ist nämlich mein Feind."
„Ach, darum hast du heute dein grünes T-Shirt an, Karlchen. Jetzt verstehe ich. Aber ich bin ja kein Storch. Würdest du dich eventuell zum Abendessen wieder in ein Karlchen verwandeln?"
„Was gibt es denn heute Abend?"
„Kartoffeln mit Quark", sagt Oma und muss lachen: „Und für Laubfrösche gibt es natürlich Quaak."

Heut ist ein Fest bei den Fröschen am See

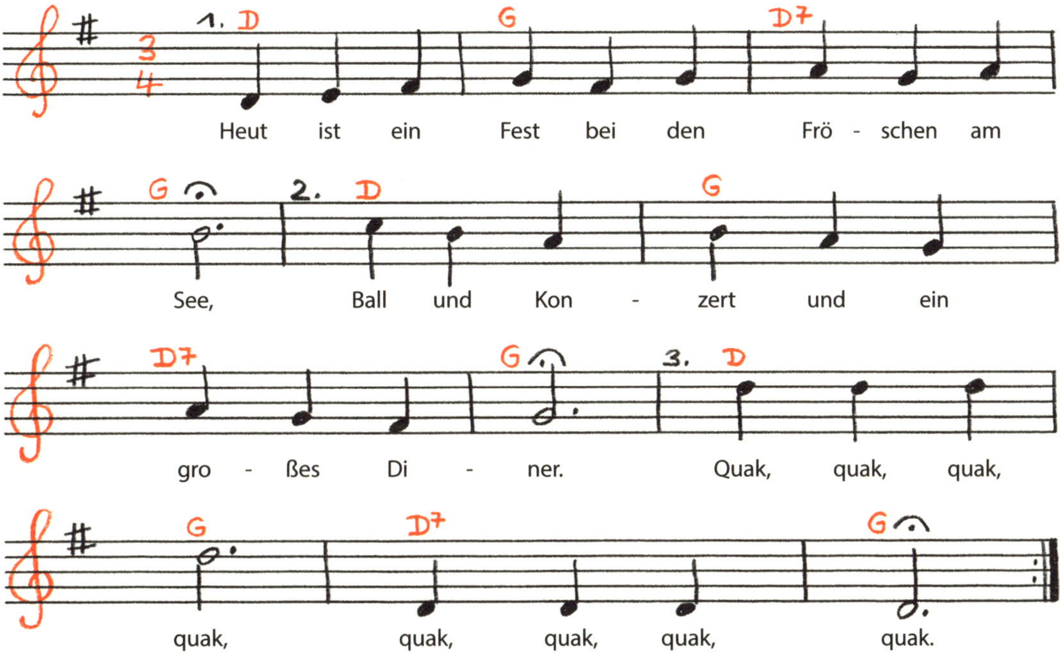

Das Samenkorn

Ein Samenkorn lag auf dem Rücken,
die Amsel wollte es zerpicken.

Aus Mitleid hat sie es verschont
und wurde dafür reich belohnt.

Das Korn, das auf der Erde lag,
das wuchs und wuchs von Tag zu Tag.

Jetzt ist es schon ein hoher Baum
und trägt ein Nest aus weichem Flaum.

Die Amsel hat das Nest erbaut;
dort sitzt sie nun und zwitschert laut.

Joachim Ringelnatz

SOMMER

Auf der Wiese hinterm Haus
hat Oma sich versteckt,

doch oben schaun die Ohren raus –
Karlchen hat's gleich entdeckt!

Sommer bei Oma im Garten

„Lass uns nachschauen, was der Garten macht", sagt Oma. „Es gibt sicher viel zu ernten, und das Unkraut muss auch mal wieder gejätet werden." Heute ist Samstag, und Karlchen hat bei Oma übernachtet. „Was ist denn Unkraut?", fragt Karlchen.
„Unkraut gibt es eigentlich gar nicht", sagt Oma. „Aber wenn Löwenzahn, Giersch und Quecke sich mitten im Beet ausbreiten, dann haben Möhrchen, Radieschen und Erdbeeren zu wenig Platz und können nicht richtig wachsen."
Sie nehmen zwei Körbe mit und die kleine Hacke zum Unkrautjäten.
„Hörst du, wie die Amsel im Holunder schimpft, Karlchen? Die mag gar nicht, dass wir ihr so nahe kommen. Die kleinen Amseln sind vor drei Tagen geschlüpft."
„Oma, schau doch mal, die Gans frisst eine Schnecke, und die Amsel zieht die Regenwürmer aus der Erde. Dürfen die das denn?"
„Na ja, sie müssen ja auch etwas essen, und Schnecken und Regenwürmer gibt es hier genug", sagt Oma. „O je, schau mal, Karlchen, der Spinat ist geschossen!"
„Ich war's aber nicht", sagt Karlchen, „meine Wasserpistole habe ich ja gar nicht dabei."
Oma muss lachen. „Das sagt man doch nur so, wenn etwas schnell größer wird, so wie du zum Beispiel. Der Spinat fängt dann an zu blühen und schmeckt nicht mehr. Außerdem hat unser Freund, der Maulwurf, mitten im Spinatfeld herumgewühlt."
„Oma, Oma, die Möhrchen schauen schon oben aus der Erde raus", ruft Karlchen und zieht an einer Pflanze. „Die ist ja noch ganz klein und ganz krumm", sagt er enttäuscht.
„Dann müssen wir noch ein paar Tage warten, vielleicht gibt es aber noch ein paar schöne Radieschen", sagt Oma.
„Daraus kann man doch keinen Kuchen backen, ich schau lieber nach den Erdbeeren. Erdbeerkuchen mag ich fast genauso gerne wie Möhrchenkuchen."
„Du kannst die Erdbeeren ernten, Karlchen, und hinter dem Gartenhäuschen gibt es vielleicht auch noch Himbeeren und Johannisbeeren!" Oma jätet das Unkraut und zieht die alten Spinatpflanzen aus der Erde. „Hier könnten wir jetzt noch Kohlrabi pflanzen, den magst du doch auch, Karlchen. Karlchen?"
Karlchen hört nichts, er ist hinten am Zaun, wo die Kürbispflanze auf dem Komposthaufen schon ziemlich groß ist.
„Oma, es werden drei Kürbisse! Einer ist schon so groß wie mein Fußball!", ruft Karlchen.
„Tatsächlich, und schau mal, die Erbsen sind reif, und die Sonnenblumen blühen auch schon. Gibt es denn noch genug Erdbeeren für einen Kuchen, Karlchen?"
„Hm, ich musste erst mal probieren, ob sie auch reif sind, Oma", sagt Karlchen.
„Dann schau ich besser selber mal nach", sagt Oma. „Fürs Abendessen nehmen wir ein paar von den Erbsen mit, Karlchen. Aber Beeilung, gleich regnet es!"
„Ach schade, Oma, ich wollte doch so gerne dich und den Garten mit dem Gartenschlauch gießen!"

Wie die Zeit vergeht

Karlchen lernt die Uhr lesen

„Oma, aufstehen!", ruft Karlchen. „Es ist schon spät!"
Oma schaut auf die Uhr. „Es ist erst 6 Uhr, Karlchen. Komm, leg dich doch noch ein bisschen zu mir ins Bett. Es reicht, wenn wir um 7 Uhr aufstehen."
„Und wann kommen Papa und Mama?"
„Erst um 6 Uhr, Karlchen."
„Aber jetzt ist doch 6 Uhr, Oma. Das hast du gerade selber gesagt. Ich schau nach, ob sie schon da sind."
Jetzt ist Oma auch wach. „Du musst nicht nachschauen. Es ist nämlich zweimal am Tag 6 Uhr: am Morgen und am Abend. Dazwischen liegen 12 Stunden – eine halbe Ewigkeit."
„Ich möchte aber, dass es gleich 6 Uhr abends ist!"
„Da hilft nur Geduld, Karlchen. Ich kann doch nicht hexen! Schau mal auf die große Uhr dort. Welche Zahlen stehen da drauf?"
Karlchen liest vor: „1, 2, 3, 4, 5, 6, 7, 8, 9, 10, 11 und 12. Aber nur eine einzige 6!"
„Genau", sagt Oma und dreht sich um, „weil es nach der 12 noch mal von vorne losgeht."
„Der große Zeiger steht auf 12, Oma, und der kleine steht auf 6."
„Genau", sagt Oma und dreht sich wieder um. „Der kleine Zeiger zeigt die Stunden an. Jetzt ist es also 6 Uhr. Der große Zeiger zeigt die Minuten an und ist viel schneller als der kleine Zeiger. Schau, er hat sich schon weiterbewegt, während wir reden. Wenn er sich einmal ganz im Kreis herumbewegt hat und wieder auf der 12 steht, zeigt der kleine Zeiger schon auf die nächste Zahl."
„Ich weiß, ich weiß, das ist die 7, Oma."
„Genau", sagt Oma und dreht sich um, „dann ist genau eine Stunde vergangen."
„Oma", sagt Karlchen, „jetzt ist der große Zeiger schon auf der 2. Jetzt dauert es sicher nicht mehr lange, bis es 7 Uhr ist."
„Schlaf doch noch eine Runde, Karlchen", sagt Oma, „dann vergeht die Zeit schneller."
„Warum?", fragt Karlchen.
„Das ist ein Geheimnis, das niemand genau kennt. Aber es ist so. Wenn du auf deinen Geburtstag oder auf die Weihnachtsbescherung wartest, vergeht die Zeit furchtbar langsam. Aber wenn du mit Monika Roller fährst, vergeht sie ganz schnell."
„Genau", sagt Karlchen. Dann nimmt er Teddy in den Arm, legt sich zu Oma und stellt sich vor, wie er mit Monika Roller fährt.

Morgens früh um sechs kommt die kleine Hex

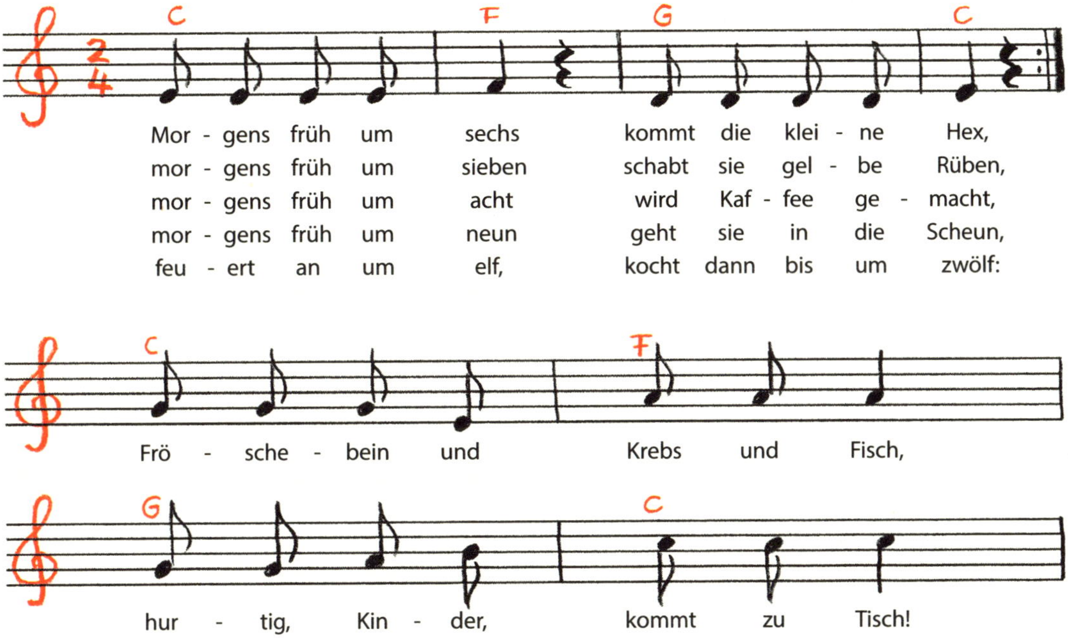

Die Beeren sind reif!

Bei Oma im Garten sind alle Früchte auf einmal reif geworden: Kirschen, Erdbeeren, Johannisbeeren, Himbeeren und die allerersten Stachelbeeren.
„Ojemine, Karlchen", sagt Oma, „das schaffen wir ja nie alleine."
„Wir rufen Monika, Ole und Käthe an, dann schaffen wir es", meint Karlchen.
„Dass ich da nicht selber draufgekommen bin", sagt Oma und holt ihr Telefon aus der Schürzentasche.
Nach dem Mittagessen sind alle da, und jeder holt sich im Gartenhäuschen einen Korb.
„Ich ernte die Erdbeeren!", ruft Ole. „Nein", sagt Karlchen, „das mache ich!"
Monika will am liebsten Himbeeren pflücken – Käthe auch.
„Ich habe eine Idee", sagt Oma und verschwindet.

Nach 10 Minuten kommt sie mit einem Tablett wieder. Darauf stehen vier bunte Becher auf dem Kopf. „Unter jedem Becher liegen Beeren", sagt Oma. „Jeder darf sich einen aussuchen. Die Beeren, die man darunter findet, muss man ernten."
Monika sucht sich den gelben Becher aus. Ole überlegt lange und entscheidet sich für grün. Käthe wählt den roten, und für Karlchen bleibt der blaue Becher übrig. Oma sagt „Simsalabim!", obwohl sie gar nicht zaubert, und hebt mit beiden Händen alle vier Becher gleichzeitig hoch. Unter dem gelben Becher von Monika liegt eine Himbeere und daneben eine Johannisbeere. Unter dem blauen Becher liegt genau das Gleiche. Unter Oles grünem Becher und unter dem roten Becher von Käthe liegen je eine Erdbeere und eine Stachelbeere.
„Das gilt nicht, Oma!", sagt Karlchen.
„Doch, das gilt", antwortet Oma, „wenn ihr zusammen pflückt, geht es viel schneller, und es macht außerdem mehr Spaß. Also los, und passt auf, dass die Beeren heil bleiben. Naschen ist erlaubt! Ich schau mal im Kirschbaum nach, ob die Vögel etwas übrig gelassen haben!"
In dem Moment kommt Onkel Willi durchs Gartentor.
„Ich helfe beim Kirschenpflücken, dann geht es schneller, und zusammen macht es viel mehr Spaß", ruft er.
Alle müssen lachen, und Oma sagt: „Gut, Onkel Willi. Wir werden ja sehen, ob dann überhaupt noch etwas im Korb landet."

Beerenrezepte

„Was machen wir denn jetzt mit dem vielen Obst? Habt ihr eine Idee?", fragt Oma später in der Küche. Vor ihr auf dem Tisch stehen fünf Körbe mit Beeren und mit Kirschen.
„Ich habe Hunger", sagt Monika, „ich habe fast überhaupt nichts genascht."
„Ich habe auch fast keine Kirschen gegessen", sagt Onkel Willi, „ich könnte auch gut etwas vertragen."
„Ich auch!", rufen Ole, Karlchen und Käthe.
„Da fällt mir was ein, bevor ihr verhungert", sagt Oma und holt ein Brot aus dem Brotkasten. „Es geht schnell und ist lecker. Zuerst machen wir uns Beerenbrote mit Quark, und dazu gibt es Erdbeermilch. Und dann machen wir noch einen Nachtisch für morgen. Zum Glück haben Karlchen und ich gestern Abend schon Joghurt gemacht. Den können wir dafür gut gebrauchen. Und aus dem Rest der Beeren koche ich später Marmelade."

Beerenbrote

Zutaten
für 4 Portionen:
Brot oder Baguette
125 g Speisequark
1 Päckchen Vanillezucker
1 TL Zitronensaft
200 g gemischte Beeren
1 EL Ahornsirup oder Honig
2 EL Schokoladenspäne

Das Baguette schräg in 1½ cm dicke Scheiben schneiden und im Ofen, im Toaster oder in der Pfanne goldbraun rösten.
Den Quark mit Vanillezucker und Zitronensaft verrühren.
Die Beeren waschen, bei Bedarf klein schneiden und mit Ahornsirup oder Honig beträufeln.
Die Schokoladenspäne kann man mit einem gewöhnlichen Haushaltshobel herstellen.
Die Brote großzügig mit Quark bestreichen, die Beeren darauf verteilen und Schokospäne darüberstreuen.

Quark-Beeren-Tiramisu

Zutaten
für 8 Portionen:
600 g Beeren
500 g Magerquark
150 g Naturjoghurt
3 EL Ahornsirup
1 TL Zitronensaft
125 ml Schlagsahne
200 g Löffelbiskuits

Die Beeren waschen und einige davon für die Dekoration zurücklegen. Quark und Joghurt mischen und glatt rühren. Die Hälfte der Beeren zerkleinern und durch ein Sieb passieren. Das Beerenpüree mit Ahornsirup, Zitronensaft und den ganzen Beeren sowie der Quark-Joghurt-Mischung gut vermischen. Die Sahne steif schlagen und ebenfalls dazugeben.
Die Hälfte der Löffelbiskuits flach in eine Auflaufform schichten und mit der Hälfte der Beerenmischung bedecken. Darauf kommt eine zweite Schicht mit Löffelbiskuits und die restliche Beerenmischung. Zum Schluss wird alles mit den zurückgelegten Beeren verziert. Am besten über Nacht zugedeckt in den Kühlschrank stellen und durchziehen lassen.

Joghurt selber machen

Zutaten:
1 l Frischmilch (Vollmilch oder Magermilch)
4 EL Joghurt natur (ohne Zusätze und ohne die Aufschrift „mild")

außerdem:
Kleinere Keramik-, Glas-, oder Porzellangefäße
Kochtopf oder Gefäß mit Deckel
Thermometer

Joghurt machen ist ganz einfach und geht fast von alleine. Und er schmeckt viel besser als der gekaufte. Karlchen mag Joghurt am liebsten mit Erdbeeren oder mit Honig, Haferflocken und Nüssen.
Die Frischmilch einmal aufkochen und danach auf ungefähr 42–45 °C abkühlen lassen. Jetzt werden die kleinen Töpfe mit heißem Wasser vorgewärmt.
In die abgekühlte Milch 4 EL Joghurt mit dem Schneebesen kräftig einrühren und die Mischung in die Töpfchen füllen. Die Gefäße in einen passenden Topf stellen, heißes Wasser einfüllen, mit einem Deckel verschließen und an einen geschützten und nicht zu kalten Platz stellen (z. B. in den ungeheizten Backofen). Während der Joghurt jetzt ca. 4–5 Stunden zum Reifen braucht, sollte das Gefäß möglichst nicht bewegt werden. Danach werden die Töpfchen verschlossen und in den Kühlschrank gestellt. Durch die Kälte wird der Joghurt noch etwas fester. Ein Töpfchen kann man dann für die nächste Joghurtproduktion verwenden.

Über die Bienen

„Hilfe, Hilfe, eine Wespe!" Karlchen steht auf und rennt um den Gartentisch herum.
„Das ist gar keine Wespe, Karlchen", ruft Papa laut, „Wespen sind schwarz-gelb gestreift. Das hier ist eine braun-gelbe Honigbiene. Sie hat mit ihren Fühlern wahrscheinlich den Honig auf deinem Brot gerochen. Er gehört ja eigentlich den Bienen, die Menschen nehmen ihnen den Honig einfach weg. Aber gemacht haben ihn die Bienen."
„Wie denn?", fragt Karlchen und kommt vorsichtig zurück. „So eine kleine Biene kann doch kein ganzes Glas mit Honig machen."
„Stimmt. Aber ganz viele Bienen können das schon. Schau mal, wie viele Bienen hier überall herumsummen."
„„Aber wo machen denn die Bienen den Honig?", fragt Karlchen.
„Eigentlich in Baumhöhlen, aber man kann Bienen auch in Bienenhäusern halten. Hinter dem Kindergarten liegt eine Wiese mit vielen Obstbäumen, und da steht ein Bienenhaus; das gehört einem Imker."
„Und da wohnt die Biene mit ihrer Familie?", fragt Karlchen.
„Ja, aber die Bienenfamilie ist riesengroß. Es ist ein ganzes Volk mit einer richtigen Königin, und zu ihr gehören bis zu 50 000 Bienen. Sie sind sehr fleißig und sammeln den ganzen Tag Nektar und Blütenstaub, aus dem sie dann den Honig machen."
„Aber die Bienen können auch stechen", sagt Karlchen. „Einmal hat eine Biene auf dem Spielplatz den Robert in den Arm gestochen."
„Das kann passieren. Es ist wichtig, dass man nicht davonrennt und herumwedelt. Das gilt übrigens auch für Wespen. Schau, da kommt schon die nächste Arbeitsbiene. Den Blütenstaub, den sie an ihren Beinchen hat, liefert sie zu Hause ab. Was ist, Karlchen, möchtest du dein Honigbrot nicht zu Ende essen?"
„Nein, den Honig gebe ich der Biene zurück, dann muss sie heute nicht so viel arbeiten."

Summ, summ, summ, Bienchen, summ herum

2. Summ, summ, summ,
Bienchen, summ herum.
Such in Blumen, such in Blümchen
dir ein Tröpfchen, dir ein Krümchen!
Summ, summ, summ,
Bienchen, summ herum.

3. Summ, summ, summ,
Bienchen, summ herum.
Kehre heim mit reicher Habe,
bau uns manche volle Wabe.
Summ, summ, summ,
Bienchen, summ herum.

Bald hat Karlchen Geburtstag

„Mama, wie oft muss ich noch schlafen bis zu meinem Geburtstag?", fragt Karlchen.
„Nur noch zweimal", sagt Mama, „deshalb müssen wir uns beeilen mit den Vorbereitungen. Lass uns überlegen, wen du überhaupt einladen möchtest."
„Alle", sagt Karlchen. „Monika, Käthe, Friedrich und Wilhelm, Ole, Tante Lene und Oma."
„Du hast einen Gast vergessen, Karlchen."
„Onkel Willi arbeitet wahrscheinlich an meinem Geburtstag und kann nicht kommen."
„Dein Geburtstag ist diesmal an einem Samstag, und dann arbeitet Onkel Willi nicht. Wie willst du denn deine Gäste einladen?"
„Wir können anrufen, Mama", sagt Karlchen.
„Oder du malst jedem eine schöne Einladungskarte."
„Ich weiß, ich weiß, was ich mache: Jeder bekommt einen Hut aus Papier! Tante Lene hat mir gezeigt, wie das geht. Und nur wer den Hut aufhat, darf reinkommen!"
„Das ist eine tolle Idee, Karlchen. Ich hole Papier und Stifte. Wir laden die Kinder zum Nachmittag und die Erwachsenen erst zum Abendessen ein. Was meinst du?"
„Ja, Mama, dann isst Onkel Willi uns auch nicht den ganzen Kuchen weg. Was für einen Kuchen gibt es denn?"
„Diesmal gibt es eine Kuchenüberraschung, Karlchen!", sagt Mama.

Papierhüte falten

Karlchen faltet 9 Papierhüte. Mama schreibt „Einladung" und die Uhrzeit hinten drauf, und vorne den Namen. Karlchen malt dazu noch ein kleines Bild.
Dazu braucht man Papier im A3-Format oder – für die Erwachsenen – auch größer.
So faltet Karlchen die Hüte:

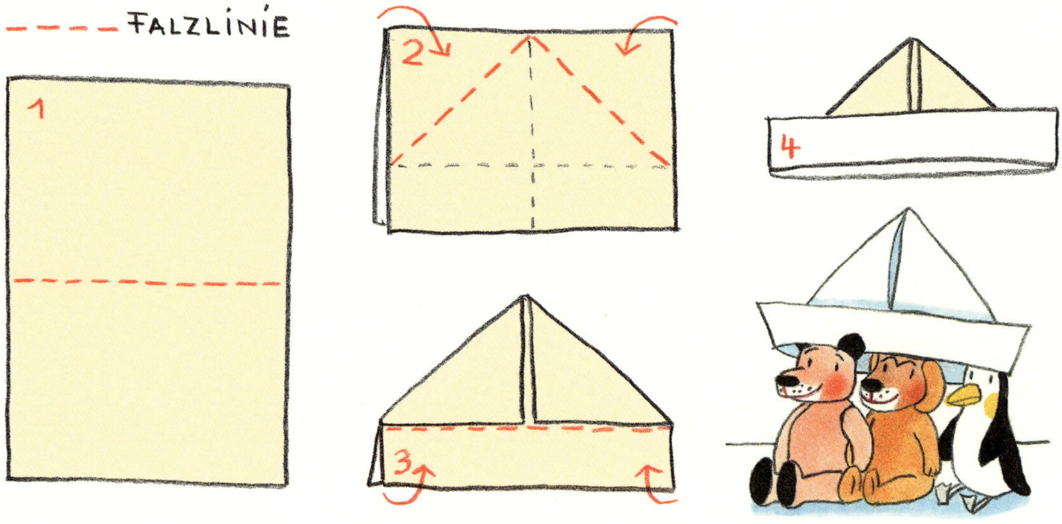

Möhrchentöpfe

Die Tontöpfchen 30 Min. in kaltes Wasser legen, damit sie beim Backen nicht platzen. Abtrocknen, mit Öl bepinseln und das Loch im Boden mit Alufolie oder Backpapier abdecken. Den Backofen auf 160 °C (Umluft) vorheizen. Möhren und Apfel schälen, waschen und fein raspeln. Beides vermischen und mit Zitronensaft beträufeln. Die Eier trennen, die Eiweiße mit Salz und dem Zitronenabrieb steif schlagen. Zucker und Eigelbe separat schaumig rühren, dann mit Butter und Vanillezucker noch einmal kräftig rühren. Mehl, gemahlene Mandeln, Zimt und Backpulver vermischen und unterrühren, Möhren, Äpfel und die Marmelade dazugeben, alles gut verrühren und zum Schluss das geschlagene Eiweiß unterheben. Den Teig in die Töpfe füllen (höchstens 2/3 hoch) und im Backofen bei etwa 160 °C (Umluft) etwa 40 Min. backen. Die fertigen Kuchen aus dem Ofen nehmen und abkühlen lassen. Zum Schluss noch einen kleinen Pfefferminzzweig oben in die Mitte stecken.

Zutaten
für 12 Portionen:
12 Blumentöpfchen aus Ton
Öl für die Töpfchen
etwa 150 g Möhren
1 Apfel
2 EL Zitronensaft
3 Eier
1 Prise Salz
abgeriebene Schale von 1 Biozitrone
100 g Zucker
100 g weiche Butter
1 Päckchen Vanillezucker
50 g Mehl
200 g gemahlene Mandeln
½ TL Zimt
2 TL Backpulver
2 EL Marmelade (Aprikose, Orange, Johannisbeere)

Zum Verzieren:
12 Pfefferminzzweige

Limonade selber machen

Die Zitrone heiß waschen, trocken reiben und die Schale in einer hauchdünnen Spirale abschälen. Zitronensaft auspressen, mit Obstsaft in einen großen schönen Krug gießen und mit Wasser auffüllen. Zitronenschale und Pfefferminzblätter dazugeben und kalt stellen. Zum Servieren noch Eiswürfel hinzufügen.

Zutaten
für 2 Liter:
1 Biozitrone
1 l Obstsaft (naturtrüb)
1 l Sprudelwasser
Pfefferminzblätter
Eiswürfel

Geburtstagsspiele im Freien

An Karlchens Geburtstag scheint die Sonne, und gleich nach dem Frühstück geht er mit Papa in den Garten. „Wie viele Stühle brauchen wir eigentlich, Karlchen?" Karlchen zählt: „Für mich und Käthe, Monika, Friedrich, Wilhelm und Ole. Wir brauchen sechs Stühle, Papa." Der Tisch steht mitten auf der Wiese, und die Gartenstühle kann Karlchen ganz alleine tragen. Dann spannt Papa eine Wäscheleine von der Birke zum Fliederbusch. „Warum?", fragt Karlchen.
„Überraschung!", sagt Papa und holt eine große Kiste aus der Garage.

Waschtag

Wir brauchen
für 6 Kinder:
6 Behälter (Eimer, Container, Körbe etc.)
je 6 Wäschestücke in unterschiedlichen Farben (rot, grün, blau, gelb etc.)
ausreichend Wäscheklammern in den passenden Farben
1 lange Wäscheleine

In der großen Kiste aus der Garage liegen viele bunte Wäscheklammern und Wäschestücke.
Die Wäscheleine wird ungefähr in Kopfhöhe der Mitspieler befestigt. Jedes Kind bekommt einen Behälter mit gleich vielen verschiedenfarbigen Wäschestücken und den dazu passenden bunten Wäscheklammern. Die Behälter stehen nebeneinander in einer Linie in einiger Entfernung von der Wäscheleine – je weiter weg, umso turbulenter und anstrengender wird das Spiel. Der Spielleiter gibt das Kommando, und jedes Kind nimmt sich ein Wäschestück aus seinem Behälter und eine Klammer in der gleichen Farbe, rennt zur Leine, befestigt es und rennt so schnell wie möglich zurück, um das nächste Wäschestück zu holen. Wer als Erster alles aufgehängt hat, ist Sieger.

Bäumchen, Bäumchen, wechsel dich

Wir brauchen
für 6 Kinder:
5 farbige Zettel als Markierung für die Freipunkte

Mama hat fünf farbige Zettel im Garten befestigt. Einen am Fliederbusch, einen an der Birke, den dritten an der Mülltonne, den vierten an der Garage und den fünften am Gartentor.
Das sind die Freipunkte. Karlchen ist der erste Fänger. Er hat keinen Freipunkt, sondern steht mitten auf der Wiese, während die anderen sich auf einen der fünf Plätze gestellt haben. Er ruft laut: „Bäumchen, Bäumchen, wechsel dich!" Jetzt muss jeder seinen Platz wechseln, während Karlchen versucht, eins der Kinder zu fangen. Er erwischt Ole, der dann der nächste Fänger wird.

Simsalabim und Abrakadabra

Am späten Nachmittag gibt es endlich Kuchen, Limonade und Kakao. Als sich die Sonne hinter den Wolken versteckt, gehen alle ins Haus. Im Wohnzimmer sind die Vorhänge zugezogen, und Ole und Karlchen sind plötzlich verschwunden. „Simsalabim und Abrakadabra!", ruft eine Stimme, und eine Taschenlampe beleuchtet einen kleinen Tisch mitten im Zimmer. „Darf ich vorstellen: Karl und Ole, die großen Zauberer!", sagt Mama und zündet zwei Kerzen auf der Kommode an. Ole und Karlchen haben sich mit Zauberhüten und schwarzen Umhängen verkleidet.

Eiszauber

„Ich bin der große Eis-Zauberer und kann mit dem magischen Wollfaden jeden Eiswürfel hochheben", sagt Ole mit verstellter Stimme. Mama ist die Assistentin und stellt einen Teller mit einem Eiswürfel vor ihn auf den Tisch. Dann holt Ole einen roten Wollfaden aus der linken und Zauberpulver aus der rechten Hosentasche.
Er murmelt: „Hokus pokus fidibus, dreimal schwarzer Kater", legt den Wollfaden auf den Eiswürfel, streut von dem Zauberpulver darüber und zieht – tatsächlich – mit dem Wollfaden den Eiswürfel in die Höhe!

Wir brauchen
für den Eiszauber:
1 Eiswürfel
1 Teller
1 dicker Wollfaden
Etwa ½ TL Salz

Wir brauchen
für die Zauberbilder:
schwarzes Papier
schwarze Wachskreide
etwas Mehl

Zauberbilder

Jetzt ist der Zauberer Karlchen an der Reihe. Er zeigt den Zuschauern von Weitem einen schwarzen Papierbogen, auf dem weder vorne noch hinten etwas zu sehen ist. Während er weißes Zauberpulver über das schwarze Papier streut, ruft er laut: „Simsalabim und 1, 2, 3 – das ist die große Zauberei!" Dann pustet er dreimal über das Papier, und tatsächlich kommt ein Bild zum Vorschein! Weil keiner es glauben will, wiederholt Karlchen sein Kunststück gleich noch mal.

Das Geheimnis hinter der Zauberei wird auf Seite 110 verraten.

Nachtausflug

Suchbild

„Morgen machen wir mal was ganz Besonderes", sagt Papa in den Sommerferien. „Das Wetter ist so schön. Wir machen einen Radausflug zum See und bleiben dort über Nacht. Und du kannst dir wünschen, wer noch mitkommen soll, Karlchen."
„Ole und Käthe sind nicht verreist", sagt Karlchen. „Ich frage, ob sie mitkommen dürfen."
„Gut", sagt Papa, „das machst du, und ich packe alles zusammen, was wir brauchen."
Am nächsten Morgen stehen sie schon um 6 Uhr auf. Karlchen fährt im Fahrradanhänger bei Papa mit. In Karlchens Rucksack ist eine Taschenlampe, eine Lupe, ein Ball, seine Badehose, ein kleines Handtuch, seine Zahnbürste, eine Tafel Schokolade und sein Stoffhund. Mama winkt, und dann fahren sie um die Ecke und holen zuerst Ole und dann Käthe ab. Zum See ist es nicht weit, und sie finden gleich einen schönen schattigen Platz unter einem Baum. „Als Erstes müssen wir das Zelt aufbauen", sagt Papa. Alle helfen mit, und schon nach einer halben Stunde steht das Zelt fertig auf der Wiese.
„Ich gehe ins Wasser!", ruft Karlchen. Im Frühling hat er schwimmen gelernt, jetzt übt er mit Ole und Käthe tauchen. Papa liegt faul auf der Luftmatratze und schaut zu.
„Ich habe einen Riesenhunger." Karlchen trocknet sich ab und schaut nach, was in der großen Kühltasche ist: Kartoffelsalat und Spinatpfannkuchen, Pizzabrot, Käsestückchen, der restliche Geburtstagskuchen, Obstsalat und selbstgemachte Limonade. Nach dem Picknick spielen alle eine Runde Fußball – die Mannschaft von Papa und Käthe gewinnt 5:2. Dann schauen sie sich unter Karlchens Lupe einen Ohrwurm ganz genau an:
„Der sieht aus wie ein Monster, Karlchen", sagt Käthe, „mit Zangen und Panzer, schau doch mal!"
„Ich weiß aber von Oma, dass er nützlich ist, genau wie die Regenwürmer, die Marienkäfer und die Bienen."
„Ihr könnt jetzt auch mal nützlich sein", sagt Papa. „Wir müssen nämlich für unser Lagerfeuer Holz und für jeden einen langen Stock suchen!"
Im Wald finden sie viele morsche Zweige und trockene Holzstücke. Karlchen findet gleich einen Stock, der so groß ist wie er selber. Als sie zum Zelt zurückkommen, dämmert es schon. Papa schichtet das Holz auf und zündet es vorsichtig mit einem Streichholz an. Es ist windstill und warm, und als der Mond aufgeht, beginnt das Feuer leise zu knistern.
„Ich habe noch eine Überraschung", sagt Papa und holt aus der Kühltasche eine große Schüssel mit Hefeteig. „Damit braten wir uns jetzt unser Abendbrot. Jeder rollt ein Stück zwischen den Händen zu einer Schlange und wickelt sie ganz eng von vorne um den Stock." Er teilt den Teig in gleich große Stücke, die er an alle verteilt. Aus dem Feuer ist inzwischen eine schöne Glut geworden, über die jetzt alle ihre Stockbrote halten. „Nicht zu nah", sagt Papa, „damit das Brot nicht schwarz wird."

Zum Brot gibt es Quark mit Gemüsestückchen und heißen Tee aus der Thermoskanne. Als Nachtisch verteilt Karlchen seine Schokolade.

„Es raschelt so komisch", sagt Ole, als alle nach dem Zähneputzen im Zelt in ihren Schlafsäcken liegen. „Ich höre ein Käuzchen", sagt Käthe. „Psst", flüstert Karlchen, „ich höre etwas ganz leise piepsen." „Und mich hört ihr gleich schnarchen", sagt Papa, aber da ist Karlchen mit Hund im Arm schon fest eingeschlafen.

Wer raschelt? Wer ruft? Wer piepst?

Auflösung auf Seite 110

Rätselgedicht

Die Raben rufen: „Krah, krah, krah!
Wer steht denn da, wer steht denn da?
Wir fürchten uns nicht, wir fürchten uns nicht
vor dir mit deinem Brillengesicht.

Wir wissen ja ganz genau,
du bist nicht Mann, du bist nicht Frau.
Du kannst ja nicht zwei Schritte gehn
und bleibst bei Wind und Wetter stehn.

Du bist ja nur ein bloßer Stock,
mit Stiefeln, Hosen, Hut und Rock.
Krah, krah, krah!"

Christian Morgenstern

HERBST

Der Herbst riecht gut und raschelt leise,
die Katze macht sich auf nach Haus,

still lacht der Mond auf seiner Reise
die Angsthasen da unten aus.

Herbst bei Oma im Garten

„Oma, Pinguin ist weg! Hast du ihn gesehen?"
„Heute Morgen war er doch noch da, Karlchen. Aber lass uns in den Garten gehen und die Kürbisse holen. Das Wetter ist heute so wunderschön, und nach Pinguin können wir auch später noch suchen."
„Ich glaube, wir brauchen den Bollerwagen, Oma. Für die Kürbisse, weil die so schwer sind."
„Stimmt, das ist eine gute Idee. Und dann können wir auch gleich die letzten Beeren und das Gemüse ernten, bevor der Winter kommt."
„Es ist doch noch ganz warm, Oma", sagt Karlchen.
„Schon, aber im Herbst kann es nachts richtig kalt werden, deshalb müssen wir alles für den Winter vorbereiten."
„Juhu, wir holen den Schlitten und die Schneeschippe aus dem Gartenhäuschen!"
„Dafür ist es noch zu früh, Karlchen, aber du kannst dem Igel helfen. Er schläft im Winter am liebsten im Komposthaufen. Darin machen wir es ihm gemütlich und warm."
„Er kann mein kleines Kopfkissen haben, Oma."
„Das ist sehr nett von dir, Karlchen, aber das braucht so ein Igel gar nicht. Der rollt sich am liebsten auf weichem Laub zusammen. Aber die Tüte mit den Tulpenzwiebeln nehmen wir mit. Die kommen jetzt in die Erde, damit sie im Frühling blühen. Und dann noch den Korb mit den Gartengeräten. Wir brauchen die kleine Schaufel und die Gartenschere. Die Holunderbeeren sind fast alle reif, und heute Abend können wir zusammen Holundermarmelade kochen, die magst du doch so gerne."
Karlchen zieht den Bollerwagen zum Gemüsebeet, und Oma nimmt den Rasenmäher mit. „Ich hole nur noch die kleine Leiter aus dem Gartenhäuschen", sagt Oma, „und du könntest in der Zwischenzeit die letzten Kohlrabi und Möhrchen aus der Erde ziehen, Karlchen."
„Stell dir vor, Karlchen", sagt Oma, als sie mit der Leiter zurückkommt, „die Eichhörnchen haben dieses Jahr fast alle Walnüsse geklaut."
„Nein", sagt Karlchen, „die Nüsse sind hier in der Erde. Ich habe schon fünf gefunden."
„Aha, Karlchen. Das waren die Eichhörnchen. Die machen nämlich keinen richtigen Winterschlaf. Zwischendurch wachen sie ab und zu mal auf und bekommen Hunger. Dann suchen sie die Nüsse, die sie im Herbst vergraben haben. Das macht unser Freund, der Maulwurf, übrigens auch. Er sammelt Vorräte für den Winter, aber keine Nüsse, sondern kleine Würmer und Insekten."
„Ich verstecke auch manchmal meine Schokolade, damit ich nicht verhungern muss."
„Und deine Spielsachen offenbar auch, Karlchen. Oder wie kommt Pinguin in den Gartenkorb?"

TULPEN

Kürbis-Party

Käthe hat heute alle Kinder zu sich nach Hause eingeladen. Die Kürbisse sind reif, und bald ist Halloween. „Jeder muss einen Kürbis mitbringen", sagt Tante Lene am Telefon, „ich koche dann für uns alle ein Kürbisessen."

Karlchen bekommt von Oma einen mittelgroßen Riesenkürbis, genauso orange wie ein Möhrchen. Ole bringt einen hellgelben Birnenkürbis und einen runden grünen Kürbis mit, Käthe einen Hokkaido. Monika hat in ihrem Rucksack eine gelbe Riesenzucchini und dazu noch einen kleinen komischen Kürbis, der aussieht wie eine weiße Blume. Friedrich und Wilhelm haben zwei gelb und grün gestreifte Kürbisse dabei. Alle sitzen draußen auf der Terrasse um den großen Tisch, und Onkel Willi verteilt das Werkzeug: Messer zum Schnitzen, Löffel zum Auskratzen, einen Apfelausstecher, Filzstifte zum Vorzeichnen und Zahnstocher. Damit kann man später sehr gut kleinere Kürbisstücke als Ohren oder Nase am Kürbiskopf befestigen.

„Eigentlich gibt es ja an Halloween überall die gleichen Kürbismonster", sagt Tante Lene, „wir könnten uns doch mal was ganz Neues ausdenken."

„Aber es soll gruselig sein", sagt Monika.

„Wir wissen schon, was wir machen", sagen Friedrich und Wilhelm. „Wir machen ein Tier aus unseren zwei Kürbissen."

„Ich mache auch ein Tier", sagt Käthe, „und ich weiß auch schon, welches!"

„Aber ich mache kein Tier", sagt Monika und legt den kleinen weißen Kürbis oben auf die große Zucchini.

„Onkel Willi und ich bauen eine Vogelscheuche, damit die Vögel nicht auch noch die letzten Holunderbeeren fressen", sagt Karlchen.

„Und ich muss erst noch nachdenken", sagt Ole und schaut seine zwei Kürbisse von allen Seiten an, „ich glaube, ich habe schon eine Idee."

Onkel Willi und Karlchen basteln zuerst aus zwei alten Holzbrettern ein Gestell für die Vogelscheuche. Tante Lene holt aus dem Keller noch eine alte Jacke, ein Halstuch und

einen Hut. Dann hilft Onkel Willi beim Aufschneiden der Kürbisse mit dem großen Messer, damit alle ihre Kürbisse aushöhlen können.
Tante Lene verschwindet in der Küche: „Wenn ihr fertig seid, gibt es Abendessen. Bestimmt ist es dann schon dunkel, und wir können die Teelichter in den Kürbissen anzünden. Und bitte nicht die Kürbiskerne wegwerfen", sagt sie, „die werden getrocknet. Zum Knabbern und zum Säen fürs nächste Jahr."

Tante Lenes Kürbisspaghetti

Zutaten
für 4 Personen:
1 Spaghettikürbis
(ein 2-Kilo-Kürbis ergibt etwa 800 g Kürbisfleisch)
2 EL Olivenöl
einige Rosmarinnadeln
2–3 Zwiebeln
1 Knoblauchzehe
Öl zum Braten
300 g Tomaten, gehackt
eine Prise Salz
schwarze Oliven
einige Basilikumblätter
Parmesankäse

Den Backofen auf 175 °C vorheizen und ein Backblech leicht einfetten. Den Kürbis durchschneiden und alle Kerne entfernen. Rosmarinnadeln und Olivenöl vermischen und damit die Schnittflächen des Kürbis bestreichen. Mit den Schnittflächen nach oben auf das Blech legen und je nach Größe etwa 30 Min. garen. Lässt sich der Kürbis mit einem scharfen Messer leicht einstechen, ist er durch und kann zum Abkühlen aus dem Ofen genommen werden.
Öl in einer Pfanne erhitzen. Kleingehackte Zwiebeln andünsten, Knoblauch (ausgepresst oder kleingehackt) hinzufügen und 2–3 Min. anschwitzen. Die gehackten Tomaten dazugeben, salzen und köcheln lassen. Das Kürbisfleisch mit einer Gabel aus dem Kürbis lösen und dabei etwas lockern, damit schöne Spaghettifasern entstehen.
Alles in eine große Schüssel geben. Oliven und Basilikum klein schneiden und in die Tomatensoße geben. Umrühren, über die Kürbisspaghetti gießen, Parmesankäse darüberhobeln und warm servieren.

Gute Nacht, Teddy

Eine Gutenachtgeschichte

„Papa, erzählst du mir noch eine Geschichte?"
„Gerne, Karlchen, aber mir fällt nichts ein. Du musst mir helfen. Was soll denn in der Geschichte vorkommen?"
„Ein Bagger, Teddy und … ein Knopf!"
„Ein Knopf?"
„Ja, ein Knopf."
„Also gut." Papa setzt sich auf die Bettkante, dann denkt er nach und beginnt:
Teddy lag jetzt schon seit Wochen ganz unten in der Spielzeugkiste. Zusammen mit drei Wollmäusen, zwei weißen Legosteinen und dem alten roten Holzauto. Teddy war sehr traurig. Zuletzt war er draußen gewesen, als Karlchen im Sommer mit ihm im Sandkasten gespielt hatte. Und genau dort hatte er auch sein rechtes grünes Auge verloren. Danach war er ohnmächtig geworden und erst wieder hier im Dunkeln aufgewacht. Schon einige Male hatte er versucht, sich hochzuarbeiten. Aber die neuen Tiere über ihm, darunter ein großer Saurier aus Plastik und ein schneeweißer Eisbär
mit richtigem Fell, waren einfach zu schwer. Jetzt machte er einen neuen Versuch und zog an einer Schnur, die ihn am Kopf kitzelte.

„Au, pass doch auf!", rief da jemand. „Das ist mein Schwanz!"
„Entschuldigung", sagte Teddy, „das wusste ich nicht. Wer bist du denn?"
„Ich bin Melanie, die Rennmaus."
„Hallo", sagte Teddy, „kannst du mir vielleicht hier raushelfen?"
„Aber selbstverständlich, nicht umsonst bin ich auch berühmt als Melanie, die Muskel-Maus! Halt dich gut an meinem Schwanz fest – das haben wir gleich geschafft."
„Danke, liebe Melanie", sagte Teddy, als sie oben angekommen waren. Es war mitten in der Nacht, und die kleine Lampe beleuchtete das Bett, in dem Karlchen schlief. Er schnarchte leise und hielt Pinguin und Hund im Arm. Teddy landete mit einem lauten Plumps auf dem Boden und dachte nach: „Ich muss mein rechtes Auge wiederfinden, dann spielt Karlchen vielleicht wieder mit mir." Er kletterte über die Spielsachen am Boden bis zur offenen Terrassentür und kroch unter dem Rollladen durch. Draußen war es dunkel und sehr still. Teddy kniff sein linkes Auge zusammen und sah im blauen Mondlicht den Spielzeugbagger Theo im Sandkasten stehen.
„Hallo, Theo," sagte Teddy, „wie geht es dir?"
„Ach, du bist das", sagte Theo, „dich habe ich ja schon eine Ewigkeit nicht mehr gesehen. Wo hast du denn gesteckt?" Teddy erzählte ihm die ganze traurige Geschichte.
„Kannst du mir vielleicht helfen, mein Auge wiederzufinden?"
„Aber selbstverständlich, nicht umsonst bin ich auch berühmt als Theo, der tolle Turbo-Bagger!

Hol doch mal das Sandsieb – das haben wir gleich geschafft." Theo schaufelte den Sand in das Sieb, und Teddy rüttelte so lange, bis fast alles durchgesiebt war.
Sie fanden eine Haarspange, ein 50-Cent-Stück und eine Murmel. Teddy war jetzt sehr müde und wollte schon aufgeben, da sahen sie etwas Grünes im Sand glitzern.
„Ach, schade", sagte Theo, „es ist nur ein grüner Knopf."
„Aber er ist wunderschön!", sagte Teddy. „Er ist genauso grün wie mein anderes Auge. Danke, lieber Theo!"
Schnell packten sie alle Fundstücke in die Baggerschaufel, und Teddy setzte sich oben auf die Fahrerkabine. So ging es zurück ins Kinderzimmer,
wo sie erschöpft auf dem Teppich einschliefen.

„Was ist denn hier passiert?", fragte Papa am Morgen, als er Karlchen aufwecken wollte. „Wo kommt denn der ganze Sand her? Und was macht dein Bagger im Kinderzimmer?"
„Nanu", sagte Karlchen, „der war doch gestern Abend noch im Sandkasten. Das weiß ich ganz genau. Und da ist ja auch Teddy! Den suche ich schon so lange!"
„Schau, Karlchen, dem Teddy fehlt ja ein Auge, hast du das gesehen?", fragte Papa.
In diesem Moment machte der Bagger ein kleines Geräusch, und aus der Schaufel fielen die Haarspange und das 50-Cent-Stück, die Murmel rollte unter das Bett, und der Knopf blieb direkt vor Papas Füßen liegen.
„Na, so was", sagte er und hob Teddy und den Knopf auf.
„Papa, kannst du Teddy operieren?"
„Aber selbstverständlich, nicht umsonst bin ich auch berühmt als Papa, der praktische Reparator! Hol doch bitte mal das Nähkörbchen – das haben wir gleich geschafft."
Teddy wurde bei der Operation wieder ein bisschen ohnmächtig. Aber als er später aufwachte, konnte er mit beiden Augen sehen, wie Karlchen das Kissen aufschüttelte, bevor er ihn vorsichtig ins Bett legte: „Gute Nacht, Teddy."
„Gute Nacht, Karlchen", sagt Papa und macht die Nachttischlampe aus.

Die Woche im Kindergarten

Karlchen lernt die Wochentage

„Wer weiß, welcher Tag heute ist?" Dina, die Erzieherin im Kindergarten, stellt die Stühle in einer langen Reihe auf, und alle setzen sich davor auf den Fußboden.
„Heute gehe ich mit Mama ins Hallenbad", sagt Monika.
„Wie schön, Monika. Aber weißt du auch, wie der Tag heute heißt? Die Tage haben nämlich Namen, genau wie wir." Said weiß es: „Heute ist Montag."
„Stimmt. Und kennt ihr auch noch andere Tage?"
Alle rufen durcheinander: „Donnerstag! Dienstag! Samstag! Mittwoch! Freitag, Sonntag!"
„Und wer kennt die Reihenfolge der Tage?"
„Nach dem Samstag kommt der Sonntag", sagt Karlchen.
„Genau. Und wir machen jetzt ein Spiel, mit dem man sich die Reihenfolge merken kann. Der erste Tag in der Woche ist der Montag. Ich sehe hier zwei Kinder, die einen Namen haben, der ein bisschen ähnlich ist wie Montag."
„Ich, ich, ich! Weil mein Name mit Mo anfängt!", sagt Monika.
„Stimmt. Du setzt dich jetzt vorne auf den allerersten Stuhl, Monika. Wer könnte sich noch als Montag neben dich setzen?"

„Der Moritz!", sagt Karlchen und ärgert sich, dass er nicht Moritz heißt, und kein einziger Tag mit Ka wie Karlchen anfängt. Moritz setzt sich neben Monika.
Dann kommt Dienstag. Wer von uns könnte ein Dienstag sein?", fragt Dina.
„Du selber bist ein Dienstag, und Diego!", rufen alle.
Dina und Diego setzen sich neben Moritz. „Jetzt kommt der Mittwoch", sagt Saba, „das weiß ich ganz genau."
„Stimmt. Also, wer ist ein Mittwoch?"
Michael und Mia setzen sich neben Dina und Diego. Dominik und Donia sind Donnerstage, und Franziska ist der Freitag. Sandra, Saba und Said sind alle drei Samstage. Der letzte Tag in der Woche ist der Sonntag, und deshalb sitzt Sokol ganz am Ende der Reihe.
„Wir haben ja richtig Glück, dass wir für jeden Tag einen Namen gefunden haben. Wer kann jetzt die Reihenfolge richtig aufsagen?", fragt Dina.
„Ich", sagt Karlchen. „Das ist ja babyleicht. Montag wie Monika, Dienstag wie Dina, und Michael und Mia wie der Mittwoch. Dann kommt der Donnerstag, weil der anfängt wie Dominik und Donia, und Franziska ist der Freitag. Samstag und Sonntag weiß ich sowieso, weil ich vor dem Sonntag immer mit Papa einkaufen fahre, nämlich am Samstag."
„Prima, Karlchen. Und jetzt gibt es noch ein Lied und ein Spiel für alle. Vor allem für die unter euch, die kein Wochentag sein konnten. Aber vorher verrate ich euch noch ein Zauberwort, mit dem man sich die Wochentage auch merken kann."

Modimidofrsaso!

Laurentia, liebe Laurentia mein

2. Laurentia, liebe Laurentia mein, wann wollen wir wieder beisammen sein? Am Dienstag! Ach, wenn es doch schon wieder Montag, Dienstag wär und ich bei meiner Laurentia wär, Laurentia wär.

* In den folgenden Strophen kommt jeweils ein Wochentag dazu, z. B. in der 4. Strophe: „Montag, Dienstag, Mittwoch, Donnerstag wär …" usw. bis „Sonntag".

Alle Kinder sitzen im Kreis.

Bei jedem „Laurentia" und auch bei jedem Wochentag müssen alle schnell aufstehen und sich wieder setzen.

Regenzeit

„Es regnet und regnet und regnet", sagt Karlchen, als er aus dem Kindergarten nach Hause kommt. Er hat schlechte Laune, genauso wie Hund, Teddy und Pinguin.
„Was soll ich nur spielen?"
„Frag doch mal Monika, vielleicht hat sie eine Idee", sagt Mama. Karlchen zieht Regenjacke und Gummistiefel an und rennt nach nebenan, wo Monika wohnt.
„Ist dir auch so langweilig, Karlchen?", fragt Monika.
„Ja", sagt Karlchen, „draußen kann man heute nicht spielen. Kommst du mit? Wir holen noch Ole ab, und dann spielen wir bei mir." Mama kocht eine große Kanne Kakao für alle. „Ich kenne Spiele, für die braucht man gar nichts: keine Spielsachen und kein schönes Wetter. Nur ein gutes Gedächtnis, Fantasie und Wörter", sagt Mama.

Ich packe meinen Koffer

„Ich fange an", sagt Mama. „Wir können 5 Runden spielen, und wer die meisten Fehler macht, muss nachher die Tassen abwaschen. Also: Ich packe meinen Koffer und nehme Perlhuhn mit. Jetzt kommst du dran, Ole. Du musst dir etwas Neues ausdenken. Aber alles, was ich und später die anderen in den Koffer packen, muss jedes Mal in der richtigen Reihenfolge wiederholt werden."
„Ich packe meinen Koffer", fängt Ole an, „und nehme Perlhuhn und ein Comic-Heft mit."
Als Nächste ist Monika an der Reihe: „Ich packe meinen Koffer und nehme mit: Perlhuhn, ein Comic-Heft und eine Murmel."
„Jetzt bin ich dran", sagt Karlchen. „Ich packe meinen Koffer und nehme mit: Perlhuhn, ein Comic-Heft, eine Murmel und Pinguin."
„O je", sagt Mama, „mal sehen, ob ich mir alles gemerkt habe. „Ich packe meinen Koffer und nehme mit: Perlhuhn, ein Comic-Heft, Pinguin und eine Brezel."
„Du hast die Murmel von Monika vergessen, Mama!", ruft Karlchen. „Stimmt", sagt Mama. „Ein Fehler für mich." Sie spielen noch vier Runden. Ole macht zwei Fehler, Karlchen und Monika einen, und Mama muss die Tassen abwaschen, weil sie zweimal etwas vergessen und einmal die Reihenfolge vertauscht hat.

Welches Tier steckt in mir?

Bei diesem Spiel stellt sich ein Spieler vor, welches Tier er gerne wäre. Die anderen müssen das Tier erraten und Fragen stellen. Aber nur solche Fragen, auf die man entweder mit „Ja" oder „Nein" antworten kann. Wer ein „Ja" zur Antwort bekommt, darf gleich noch einmal fragen, bei einem „Nein" kommt der nächste Spieler dran. Karlchen fängt an und stellt sich ein Tier vor, über das er ziemlich viel weiß. Links neben ihm sitzt Monika und stellt die erste Frage: „Kannst du fliegen?" „Nein", sagt Karlchen. Jetzt fragt Ole: „Bist du gefährlich?" „Nein", sagt Karlchen. Mama fragt: „Wohnst du im Wasser?" „Ja", sagt Karlchen. „Legst du Eier?", fragt Mama weiter. „Ja", sagt Karlchen. „Bist du grün?", fragt Mama. „Ja", sagt Karlchen. „Bist du ein Laubfrosch?", fragt Mama. „Ja", sagt Karlchen. Das war ganz schön schwer. Jetzt denkt sich Monika ein Tier aus, und Ole stellt die erste Frage.

Stille Post

Mama flüstert Karlchen, der neben ihr sitzt, ganz schnell einen Satz ins Ohr: „Heute ist Papa mit dem Auto in der Stadt." Karlchen versteht: „Heute Abend isst Papa mit Otto Salat." Das flüstert er jetzt Monika ins Ohr. Sie versteht: „Heute Abend isst Opa mit Otto Spinat." Das sagt sie Ole ins Ohr, und weil er der Letzte ist, muss er laut sagen, was bei ihm angekommen ist, nämlich: „Heute abend küsst Opa Lotte privat."
Jetzt denkt Ole sich einen neuen Satz aus und flüstert ihn Monika ins Ohr, und so geht es weiter, bis der Satz wieder bei Mama angekommen ist.

Schatzsuche

Memo-Spiel und Suchbild

Seit zwei Tagen scheint die Sonne, und es ist fast so warm wie im Sommer. Ole feiert heute seinen Geburtstag und hat alle Kinder zu einem Waldausflug eingeladen. Oles Mutter gibt jedem Kind einen Eierkarton mit 6 Fächern.
„Genau wie an Ostern", sagt Karlchen, „suchen wir Eier im Wald?"
„Nein", sagt Oles Mutter, „wir gehen auf Schatzsuche." Sie zieht einen Bollerwagen mit zwei großen Taschen hinter sich her. Hinter der Fußballwiese bei Omas Haus fängt der Wald schon an. Die bunten Blätter rascheln beim Gehen, und es riecht nach Pilzen und Moos. Nach einer halben Stunde kommen sie an eine Waldlichtung mit Tischen und Bänken. „So", sagt Oles Mutter, „vor dem Kuchenessen müsst ihr noch eine Aufgabe erledigen. Jeder soll 3 Sachen sammeln, aber immer doppelt. Also zum Beispiel 2 rote Blätter oder 2 ähnliche Steine. Die Schätze legt ihr in euren Eierkarton, bis er voll ist. Am besten geht ihr zu zweit auf die Suche. Aber immer in Sichtweite, und bitte nichts von Pflanzen abreißen. Ich bin schon sehr gespannt, was ihr findet."
Karlchen geht mit Käthe nach links, und schon nach einer Minute finden sie unter einem großen Baum kleine, rundliche Teile, die ein bisschen wie Nüsse aussehen. „Weißt du, was das ist?", fragt Karlchen. „Keine Ahnung", sagt Käthe, „aber sie sehen schön aus." Als sie fertig sind, hören sie auch schon Ole rufen: „Alle herkommen, der Tisch ist gedeckt!" Auf dem Tisch steht ein großer Apfelkuchen und eine Schüssel mit Schlagsahne. Dazu gibt es kalten Kakao und Apfelsaft. „Lasst mal sehen, was ihr alles gefunden habt", sagt Oles Mutter. Monika macht ihren Eierkarton auf. Darin liegen 2 kleine Federn, 2 Kieselsteine und 2 Schneckenhäuser. In Oles Karton sind 2 rote Blätter, 2 Ahornfrüchte, die man auf die Nase kleben kann, und 2 Teile von einem zerbrochenen hellgrünen Vogelei. Karlchen zeigt die 2 komischen Teile, die er gleich am Anfang gefunden hat. „Das sind Eicheln", sagt Ole, der sich auskennt, „die wachsen an der Eiche." Außerdem hat Karlchen noch 2 Kastanien und 2 Hagebutten gefunden. Jetzt ist Käthe an der Reihe. In ihrem Karton liegen 2 Haselnüsse, 2 Kiefernzapfen und 2 kleine stachelige Hüllen. „Weiß jemand, was das ist?", fragt sie.
Friedrich weiß es. „Das sind Bucheckern. So ähnlich wie Eicheln, aber sie wachsen an den Buchen." Friedrich und Wilhelm haben zusammen nur einen Eierkarton gefüllt. Mit 2 Hälften von einer Walnuss, 2 Stückchen Birkenrinde und 2 gelben Blättern.
„Jetzt machen wir ein Spiel", sagt Oles Mutter und zaubert viele kleine leere Joghurtbecher aus einer Tasche. „Memo-Spiele kennt ihr ja alle. Unter jeden Becher kommt ein Fundstück." Solange sie das Spiel vorbereitet, spielen alle Verstecken.
Dann setzen sich alle um den Tisch. „Noch einmal die Spielregeln", sagt Oles Mutter. „Wir spielen im Uhrzeigersinn, jeder darf nacheinander 2 Becher hochheben. Wer 2 zusam-

menpassende Sachen findet, darf sie nehmen und gleich noch mal spielen. Wenn nicht, wird wieder zugedeckt, und der Nächste kommt dran. Gewonnen hat, wer die meisten Gegenstände eingesammelt hat." Käthe gewinnt. Sie hat fünfmal die richtigen Becher aufgedeckt und 10 Sachen vor sich liegen. Karlchen und Ole haben dreimal gewonnen. Monika hat 2 Eicheln und 2 gelbe Blätter gefunden. Friedrich und Wilhelm haben jeder nur einmal richtig geraten. Es wird schon dunkel, als Karlchen nach Hause kommt. „Ich habe euch etwas mitgebracht", sagt er zu Teddy, Hund und Pinguin und legt zwei Schneckenhäuschen, zwei Kastanien und zwei rote Blätter auf die Fensterbank.

WO IST KARLCHEN? UND WO HAT SICH DAS EICHHÖRNCHEN VERSTECKT?

1 Kastanien
2 Birkenrinde
3 Federn
4 Kiefernzapfen
5 Kieselsteine
6 Ahornblätter
7 Haselnüsse
8 Bucheckern
9 Schneckenhäuser
10 Vogelei
11 Walnussschale
12 Ahornfrüchte
13 Eicheln
14 Eichenblätter
15 Hagebutten

Drachenwetter

„Aufstehen, Karlchen! Heute ist Drachenwetter!" Papa macht das Fenster weit auf, und Karlchen springt aus dem Bett. Die Sonne scheint, und buntes Herbstlaub fliegt hoch durch die Luft. Vor ein paar Tagen haben Papa, Mama und Karlchen drei Drachen gebaut. Aus Plastiktüten. Karlchens Drachen sieht aus wie ein Monster, Mama hat eine Eule gebastelt, und Papas Drachen ist grün wie ein Frosch. Nach dem Frühstück radeln alle zusammen zu einem kleinen Hügel in der Nähe, ganz ohne Bäume und Stromleitungen.

„Mein Drachen ist gefährlich", sagt Karlchen, „er kann Feuer spucken und tausend Meter hoch fliegen!"

„Mein Frosch kann über ein Hochhaus springen", sagt Papa.

„Und meine Eule kann sogar in der Nacht sehen", sagt Mama.

„Dann schauen wir mal, ob unsere selbst gebauten Drachen auch fliegen können." Papa leckt an seinem Zeigefinger und hält ihn in die Luft. „Der Wind kommt von Westen", er zeigt mit dem Finger nach rechts.

„Ich glaube aber, er kommt von dort", sagt Mama und zeigt nach links. „Das ist doch ganz egal", meint Karlchen ungeduldig, „Hauptsache, die Drachen können fliegen."

Papa schüttelt den Kopf. „Das ist nicht egal. Flugzeugpiloten müssen auch vor dem Abflug wissen, woher der Wind weht. Man kann nämlich nur gegen die Windrichtung starten." Alle drei halten ihre Zeigefinger in die Luft, und meistens kommt der Wind jetzt von links. Deshalb schickt Mama Papa mit ihrem Drachen ein Stück weg in Windrichtung, behält aber die Schnur in der Hand. Papa hält die Dracheneule mit der Hand hoch in die Luft und merkt, wie der Wind sie anhebt. Jetzt zieht Mama ein bisschen an der Leine, die Eule hebt sich in die Luft, und bald fliegt sie hoch über ihren Köpfen. Das Gleiche machen sie jetzt mit Karlchens Monsterdrachen, der sogar noch höher fliegen kann als Mamas Eule. Nur Papas Frosch möchte nicht fliegen. „Kein Wunder", sagt Papa, „oder habt ihr schon mal einen fliegenden Frosch gesehen? Zum Glück habe ich Papier mitgenommen. Ich falte jetzt ein paar schöne Schwalben. Die fliegen garantiert, darin bin ich Weltmeister!"

Drachen bauen

Von einer großen und stabilen Plastiktüte den Tütenboden abschneiden. Dann die Mitte *einer* Seite der Länge nach so aufschneiden, dass beim Aufklappen der Tüte eine große Fläche entsteht. Nach Plan zurechtschneiden. Jetzt kann die Folie bemalt und gestaltet werden. Danach die beiden Ecken rechts und links mit Klebeband verstärken und mit einem Locher je ein Loch stanzen. Die beiden Stäbe wie aufgezeichnet mit dem Klebeband festkleben. Dabei das Klebeband an den vier Enden jeweils nach vorne herumführen. Die Waageschnur (ca. 80 cm) bekommt in der Mitte eine Schlaufe, an der ein kleiner Schlüsselring befestigt wird. Jetzt die Waageschnur rechts und links in den verstärkten Löchern verknoten. Dabei ist es wichtig, dass der Schlüsselring in der Mitte bleibt.
Zur Befestigung des Drachenschwanzes die Mitte unten an der Drachenform markieren, mit Klebeband verstärken und ein weiteres Loch stanzen. Den Schwanz kann man aus Plastikstreifen oder Geschenkband zusammenknoten. Zum Schluss wird noch die lange Drachenschnur am Ring befestigt.

Wir brauchen:
1 Plastiktüte
Stifte und Farben für Plastikmaterial
Schere, Locher
starkes, durchsichtiges Klebeband
2 dünne, biegsame Holzstäbe, 40 cm lange
dünne Schnur, ca. 80 cm (für Waageschnur)
kleiner Schlüsselring
Plastik- oder Geschenkband (für den Drachenschwanz)
Drachenschnur

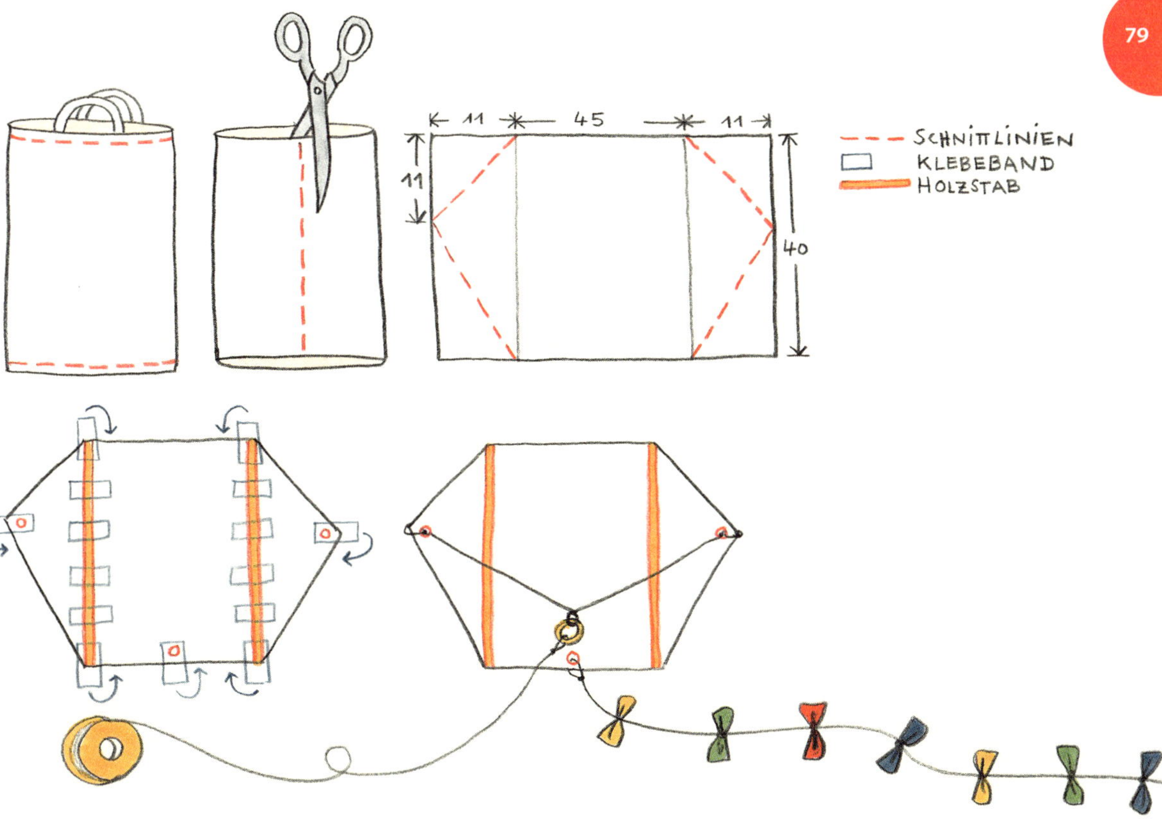

Pilze und Schirme

„Mama, wir brauchen einen Korb! An unserem Gartenzaun wachsen ganz viele Pilze, komm mal bitte!", ruft Karlchen. Mama schaut sich mit Karlchen die Pilze an. Sie sind winzig klein und ganz weiß. „Die kenne ich nicht, Karlchen. Man soll nur Pilze mitnehmen, die man gut kennt, weil sie giftig sein können. Und hier an der Straße, wo Autos fahren und Hunde unterwegs sind, würde ich sowieso keine Pilze sammeln. Komm, wir gehen lieber in den Wald, dort gibt es bei diesem warmen Herbstwetter bestimmt auch Pilze." Mama besitzt viele Pilzbücher und kennt sich gut aus. Sie setzt Klara in ihr Tragetuch und nimmt ein kleines Messer und einen Korb mit. Gleich am Waldrand finden sie einen Pilz, den auch Karlchen kennt.

„Der ist giftig, Mama. Das ist ein Fliegenpilz."

„Ja, eigentlich schade. Er ist so wunderschön rot mit weißen Tupfen", sagt Mama.

Zwischen ein paar Tannen stehen drei weiße Pilze mit hohen Stielen.

„Karlchen, schau mal. Das sind Schirmpilze, die schmecken gut. Die nehmen wir mit, die beiden großen für Papa und mich und den kleinen für dich."

Gleich daneben findet Mama unter einer Lärche noch vier gelbe Pilze.

„Schöne Gold-Röhrlinge", sagt Mama, „die kann man auch essen. Man kann auch Lärchen-Röhrlinge zu ihnen sagen, weil sie mit dieser Lärche befreundet sind." Sie zeigt auf den Baum, unter dem die Pilze wachsen. „So wie ich mit Ole?", fragt Karlchen.

„Na ja, schon ein bisschen anders", sagt Mama. „Der Pilz hilft dem Baum und der Baum dem Pilz. Der Pilz ist keine Pflanze, so wie ein Baum oder eine Blume. Aber ein Tier ist er auch nicht. Pilze haben ein ganz eigenes Reich und sind sehr wichtig, damit Natur und Wald gesund bleiben. Deshalb muss man Pilze schützen und darf sie auf keinen Fall einfach ausreißen."

„Und was ist das hier?", fragt Karlchen und bückt sich. Im Gras auf der Waldwiese leuchten vier weiße runde Kugeln. „Das sind auch Pilze, sie heißen Boviste. Schau mal, der eine ist schon älter und ein bisschen braun. Wenn du draufdrückst, kommt eine Staubwolke raus. Das sind die Sporen, mit denen sich der Pilz vermehrt. Aber die Pilze, die wir hier sehen, sind nur ein ganz kleiner Teil vom Pilz. Der eigentliche Pilz lebt im Verborgenen ganz tief unten in der Erde. Dort kann er sich riesengroß ausbreiten. Von hier bis zu unserem Haus zum Beispiel, ohne dass wir ihn sehen können."

„Mama, glaubst du, dass die kleinen Pilze bei uns am Gartenzaun wachsen, weil sie mit uns befreundet sind?"

„Schon möglich, Karlchen. Das ist eine schöne Vorstellung. Komm, wir gehen nach Hause, wir haben genug Pilze für ein großes Omelett!"

Schirme bemalen

Mama hat schon wieder irgendwo ihren Schirm verloren. In der Stadt kauft sie für sich und Karlchen zwei neue Schirme. Einen kleinen gelben für Karlchen und einen großen weißen für sich. „Die malen wir jetzt mit vielen bunten Farben an, so wie es uns gefällt!", sagt sie zu Karlchen und legt Farben und Pinsel auf einen kleinen Tisch. Die Schirme werden aufgespannt und mit dem Griff senkrecht in zwei Eimer gesteckt, die voller Sand sind. „Dann haben wir beim Malen die Hände frei und müssen die Schirme nicht festhalten", sagt Mama. Sie verdünnt die Farben in den kleinen Gefäßen mit wenig Wasser, gerade so viel, dass sie gut in den Stoff einziehen können. Karlchen weiß schon, was er auf seinen Schirm malen wird: eine Sonne und ein Flugzeug und eine Wolke mit Schnee und eine Rakete. Mama malt viele bunte Punkte und Blumen auf ihren Schirm. „Damit immer die Sonne scheint, auch wenn es regnet!"
„Schreib doch noch deinen Namen drauf, Mama, damit du den Schirm zurückbekommst, wenn du ihn das nächste Mal verlierst!"

Wir brauchen:
Regenschirm, einfarbig
wetterfeste Acrylfarbe
synthetische Pinsel in verschiedenen Stärken
Wasser
Gefäße zum Mischen der Farben
Eimer, mit Sand gefüllt

Apfeltag

Apfelmus selber machen

Zutaten:
Äpfel
Apfelsaft oder Wasser
Zimtstange
Schale einer Biozitrone

Die Äpfel waschen und mit Schale und Kernen in grobe Stücke schneiden. Etwas Wasser oder Apfelsaft zugießen und mit Zimt und Zitronenschale zum Kochen bringen. Wenn die Apfelstücke richtig weich sind, mit einer Flotten Lotte oder durch ein grobes Drahtsieb in eine große Schüssel pürieren. Wenn man das Mus in saubere Schraubgläser füllt und gut verschließt, kann man es einige Tage im Kühlschrank aufbewahren.

Apfelringe trocknen

Zutaten:
Äpfel
Zitronensaft
Schnur oder Holzstab
Glas- oder Keramikgefäße mit Deckel

Die Äpfel schälen und das Kerngehäuse ausstechen. In 3–4 mm dicke, gleichmäßige Scheiben schneiden. Kurz in verdünnten Zitronensaft legen, auf einer straff gespannten dicken Schnur oder einem Holzsstab auffädeln und in einem trockenen und warmen Raum trocknen lassen. Die Apfelringe am besten in einem verschließbaren Glas- oder Keramikgefäß aufbewahren.

In meinem kleinen Apfel

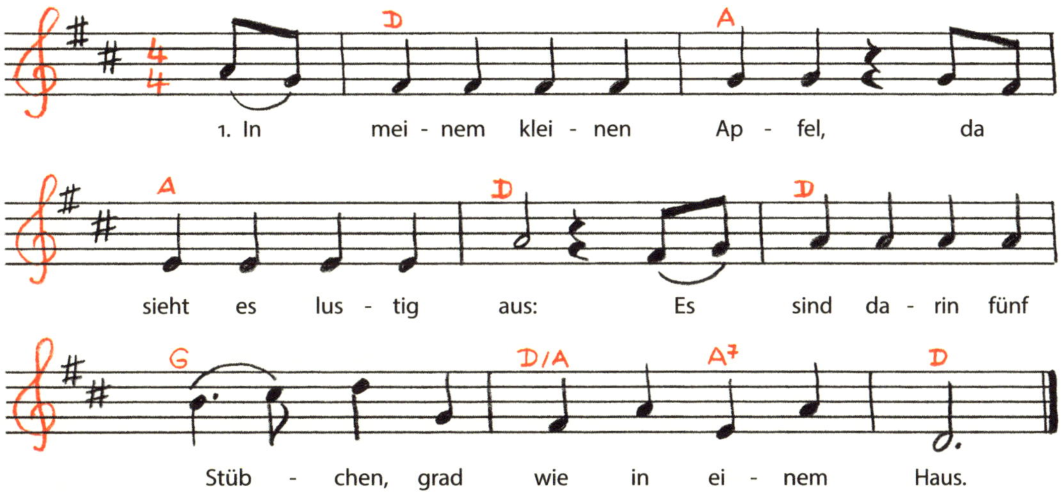

Apfelgedicht

Der Apfelbaum ist wie ein Haus.
Ganz unten haust Familie Maus,
und weiter oben wohnen
geschätzt mal 2 Millionen:
Meisen, Wanzen, Raben,
Bienen, Hörnchen, Schaben,
Schmetterlinge, Schnecken,
Raupen, Käfer, Schrecken,
Hummeln, Asseln, Puppen,
Spatzen, auch in Gruppen.
Mücken und Zikaden,
Tausendfüßler, Maden,
Larven, Weberknechte,
Rotkehlchen und Spechte,
Spinnen, Schwärmer, Fliegen,
ganz selten auch mal Ziegen.
Doch nur der Wurm ist Ehrengast:
er hat den Apfel als Palast!*

* In welchem Apfel auf dem Apfelbaum
hat sich der Wurm versteckt?

Auflösung auf Seite 110

2. In jedem Stübchen wohnen
zwei Kernchen schwarz und fein,
die liegen drin und träumen
vom lieben Sonnenschein.

3. Sie träumen auch noch weiter
gar einen schönen Traum,
wie sie einst werden hängen
am schönen Weihnachtsbaum.

Du liebe Zeit,
es schneit, es schneit.
Die Flocken fliegen
und bleiben liegen.
Wir bitten sehr:
noch mehr, noch mehr!

WINTER

Fünf Meter hoch, wie Omas Haus,
wünscht Karlchen sich den Schnee.

Dann rutscht er gleich zum Fenster raus,
und es tut gar nicht weh!

Winter bei Oma im Garten

„Oma, es schneit! Ich muss gleich raus und einen Schneemann bauen!"
„Bist du so nett und nimmst die Gemüseabfälle für den Komposthaufen mit, Karlchen?"
Karlchen zieht Stiefel und Anorak an, und Oma gibt ihm die Papiertüte mit Kartoffel- und Eierschalen und den verwelkten Blumenstrauß von Omas Geburtstag.
Es ist kalt, und die großen Schneeflocken bleiben schon auf Dach und Wiese liegen, aber für einen Schneemann reicht es noch lange nicht.
„Oma, Oma!", ruft Karlchen, als er in die warme Küche zurückkommt. „Im Garten sind drei Papageien!"
„Papageien? Das kann nicht sein, Karlchen."
„Doch, sie sind groß und ganz bunt und sitzen im Holunderbusch."
„Das muss ich mir doch mal anschauen", sagt Oma und zieht sich Schuhe und Jacke an.
„Psst, Oma, wir müssen uns vorsichtig anschleichen", sagt Karlchen.
Auf Zehenspitzen gehen sie in den Garten. Im Holunderbusch sitzen drei wunderschöne bunte Vögel und essen die letzten Holunderbeeren.
„Das sind Seidenschwänze", flüstert Oma, „sie kommen aus dem Norden. Gut, dass wir nicht alles abgeerntet haben. So finden sie noch etwas zu essen."
„Genau wie das Eichhörnchen. Schau mal, Oma", sagt Karlchen und zeigt in Richtung Gemüsebeet, „das Eichhörnchen hat eine vergrabene Nuss gefunden."
„Ich bin froh, dass wir gestern schon die Erdbeerpflanzen zugedeckt und das Vogelhäuschen aufgestellt haben, Karlchen. Es wird noch mehr schneien, und es ist kalt."
„Darf ich dann nachher die Kerne von unseren Sonnenblumen und Kürbissen ins Vogelhäuschen legen?", fragt Karlchen.
„Gute Idee", sagt Oma, „aber ein paar davon müssen wir übrig lassen für den Frühling, damit wir wieder neue Pflanzen ziehen können. Schau mal, Karlchen, hier sind Spuren im Schnee. Wenn man sich auskennt, kann man sehen, welche Tiere hier unterwegs waren."
„Welche denn, Oma?"
„Diese Spur hier ist sicher von einer Maus. Man sieht genau den Abdruck der kleinen Pfoten und die Spur des Mäuseschwänzchens. Und die hier kannst du selber erraten. Wer war das wohl?"
„Das war die Gans, Oma. Das sieht ja jedes Baby."
„Stimmt. Aber was für ein fürchterlich großes Tier könnte das hier gewesen sein? Es hat riesengroße Tatzen und ist offenbar mit seinem Jungen unterwegs."
„Oma, das warst doch du selber! Und daneben, das sind meine Spuren!"
„Ach so, Karlchen. Jetzt wird es aber höchste Zeit, dass das große Tier dem kleinen Tier endlich sein Frühstück macht. Komm, es gibt Haferflocken mit Apfelstückchen und dazu heißen Kakao!"

Adventszeit im Kindergarten

„Dein T-Shirt ist verkehrt herum", sagt Dina. Karlchen zieht es über den Kopf und gleich wieder richtig herum an. Er ist schrecklich aufgeregt. In einer halben Stunde geht es los. Mama, Papa und Klara kommen, außerdem Tante Lene und Onkel Willi, Käthe und Oma. Karlchen ist nämlich heute im Weihnachtsspiel einer von sieben Engeln. Alle Kinder spielen und singen das Lied von den Engeln, die vom Himmel kommen. Karlchen hat die Rolle als Engel mit der Trommel.

Monika und Moritz sind Maria und Joseph, Said und Sandra die Hirten. Das Lied haben sie schon tausendmal gesungen, und Karlchen kann es auswendig. Er weiß ganz genau, wann er drankommt. Gleich in der ersten Strophe zusammen mit Mia und dann noch mal am Schluss, wenn alle zusammen spielen. Er trommelt, und Mia pfeift auf der Blockflöte; Dominik und Franziska spielen Harfe und Geige. Die Instrumente haben sie im Kindergarten alle selber gebaut. Die Trommel aus einer großen Büchse, die Harfe aus Trinkgläsern, Laute und Geige aus Holzkisten und Gummibändern. Die anderen Engel haben Handschuhe mit Glöckchen, oder sie schütteln Dosen, die mit Linsen und Erbsen gefüllt sind. Aber Diego hat das beste Instrument von allen: Er muss immer bei „eia, eia" in die grüne Gießkanne pusten.

Alle Engel haben große weiße T-Shirts an, mit aufgeklebten Sternen. Beim Stuhlkreis haben sie lange überlegt, ob sie auch Flügel brauchen. Die meisten wollten Flügel haben, und deshalb war gestern auch die Flügelprobe. Die Flügel sind aus Goldpapier und werden wie ein Rucksack umgebunden.

Karlchen sucht die Essstäbchen, mit denen er trommelt. Sie sind weg. Monika hilft ihm beim Suchen. Sie suchen unter dem Tisch und in Karlchens Fach. Karlchen bückt sich und schaut unter die Bank.

„Was ist das denn?", fragt Monika und tippt auf seinen Rücken.

„Das ist eine Rakete, die habe ich gestern dort hingeklebt."

„Engel brauchen gar keine Rakete", sagt Monika.

„Ich schon", sagt Karlchen, „ich will keine Flügel, weil ich der schnellste Engel bin."

„Aber nicht beim Suchen", sagt Monika und zieht die Stäbchen aus Karlchens Stiefeln.

Vom Himmel hoch, o Engel, kommt!

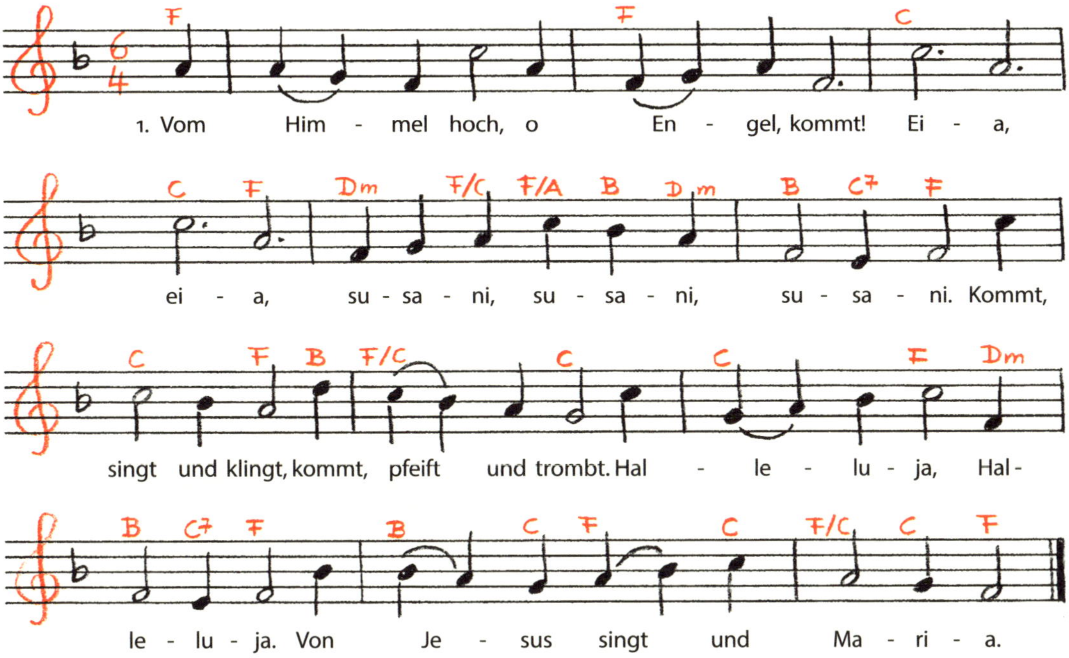

2. Kommt ohne Instrumenten nit,
eia, eia, susani, susani, susani.
Bringt Lauten, Harfen, Geigen mit.
Halleluja, Halleluja.
Von Jesus singt und Maria.

3. Lasst hören euer Stimmen viel,
eia, eia, susani, susani, susani,
mit Orgel- und mit Saitenspiel.
Halleluja, Halleluja.
Von Jesus singt und Maria.

4. Hier muss die Musik himmlisch sein,
eia, eia, susani, susani, susani,
weil dies ein himmlisch Kindelein.
Halleluja, Halleluja.
Von Jesus singt und Maria.

5. Singt Fried den Menschen weit und breit,
eia, eia, susani, susani, susani,
Gott Preis und Ehr in Ewigkeit.
Halleluja, Halleluja.
Von Jesus singt und Maria.

Das ABC-Museum

Karlchen lernt die Buchstaben

Im Winter wird es schon nachmittags dunkel. Friedrich und Wilhelm sind bei Karlchen zu Besuch, und Mama hat die erste Adventskerze angezündet.
„Wart ihr eigentlich schon mal in einem Museum?", fragt sie.
„Klar", sagt Friedrich, „schon dreimal. Im Spielzeugmuseum, im Automuseum ..."
„... und im Stadtmuseum", sagt Wilhelm.
„Und ich war mit Tante Lene schon mal in einem Bildermuseum", sagt Karlchen.
„Dann wisst ihr ja, wie es da aussieht", sagt Mama. „Wir machen nämlich heute eine Ausstellung. Das große neue Regal im Flur ist unser Museum."
„Ich stelle meine Stofftiere aus, Mama", sagt Karlchen.
„Gut, Karlchen, und jetzt brauchen wir noch eine Idee für die Ausstellung. Wie wär's mit einer ABC-Ausstellung? Zu jedem Buchstaben sucht ihr einen Gegenstand aus. Also einen, der mit A anfängt; einen, der mit B anfängt; und so weiter. Ihr geht gemeinsam auf die Suche und sucht 26 schöne und kleine Sachen aus."
„Warum 26?", fragt Karlchen.
„Weil es 26 Buchstaben gibt", sagt Wilhelm.
„Genau", sagt Mama. Und weil Friedrich und Wilhelm das Alphabet schon aus der Schule kennen, brauchen sie Mamas Hilfe überhaupt nicht. Sie kann in Ruhe ihren Tee trinken und die Zeitung lesen. Es ist gar nicht so leicht, 26 Sachen von A bis Z zu finden. Karlchen will unbedingt alle seine Stofftiere ausstellen.
„Das ist langweilig", sagt Wilhelm. „Nimm einfach nur eins!"
Karlchen entscheidet sich für Pinguin. Als alle Sachen schön in der richtigen Reihenfolge auf dem Regal stehen, sagt Mama: „Toll! So eine Ausstellung hat es ja noch nie gegeben. Sie ist ganz einmalig, weil jeder etwas anderes aussuchen würde."
„Jetzt müssen wir aber, genau wie im Museum, alles noch beschriften", sagt Wilhelm.
Mama holt Papier und Stifte; Karlchen faltet die Zettel so, dass man sie aufstellen kann.
„Und warum haben wir jetzt 28 statt 26 Sachen?", fragt sie.
„Wir haben noch einen Gegenstand, der mit Sch anfängt, als Extra-Buchstaben genommen. Und das Bild am Schluss haben wir gemalt, damit man weiß, wer die Ausstellung gemacht hat", sagt Friedrich.
Dann ist alles fertig. Zuletzt legen sie ein leeres Schulheft mit einem Stift als Gästebuch für die Besucher auf den Flurtisch.
Papa ist der erste Besucher. Er schaut sich alles ganz genau an, dann schreibt er ins Gästebuch: „Sehr schöne Ausstellung: abenteuerlich bis zauberhaft!" Zur Eröffnung kommen noch Ole und seine Mutter, Monika, Käthe und Oma, und Mama kocht zum Abendessen für alle einen großen Topf Suppe mit Buchstabennudeln.

1 AUTO
2 BALL
COMIC
3 COMIC
4 DOSE
5 EI
6 FLUGZEUG
7 GELDBEUTEL
8 HAUS-
SCHUHE
9 INSEL
10 JOJO
11 KERZE
12 LAMPE
13 MÖHRCHEN
14 NUSSKNACKER
15 ORANGE
16 PINGUIN
17 QUARK
18 RAKETE
19 STERN
20 SCHIFF
21 TASCHENLAMPE
22 UHR
23 VASE
24 WASCHLAPPEN
25 XYLOFON
YOGA
26 YOGABUCH
27 ZAHNBÜRSTE
KARL-
CHEN
FRIED-
RICH
WIL-
HELM

Die Stadt im Winter

Suchbild

Heute gehen Karlchen und Monika nicht in den Kindergarten. Sie fahren mit dem Zug in die große Stadt. Dort gibt es einen Weihnachtsmarkt und viele Geschäfte.
„Seid ihr fertig?" Mama schaut noch mal in ihre Handtasche. „Schlüssel, Geld, Taschentuch, Einkaufsliste. Alles da. Wir können los!"
Im Zug findet Karlchen noch vier freie Plätze. Das ist gut, weil Bello auch dabei ist.
Die Fahrt dauert nur eine halbe Stunde. Obwohl es schon zehn Uhr ist, wird es draußen nicht richtig hell. Karlchen schaut zum Fenster hinaus, wo Bäume, Häuser und Strommasten vorbeiflitzen. „Es schneit, Mama, schau mal!" Tatsächlich bleiben feine weiße Flocken an den Scheiben hängen. Karlchen freut sich. Er wünscht sich zu Weihnachten einen neuen Schlitten. „Ich wünsche mir Schlittschuhe", sagt Monika.
Das große Kaufhaus ist gleich beim Bahnhof.
„Ihr bleibt immer schön bei mir", sagt Mama. „Wenn ich alles eingekauft habe, gehen wir zusammen auf den Weihnachtsmarkt." Monika, Karlchen und Bello ist es langweilig.
In der Wäscheabteilung gibt es nichts Aufregendes zu sehen.
„Wir könnten doch mal mit der Rolltreppe fahren", sagt Monika.
Die Rolltreppe ist toll. Sie fahren dreimal rauf und runter, und nach dem letzten Mal ist Mama weg!
„Wahrscheinlich ist sie schon auf dem Weihnachtsmarkt", sagt Karlchen. „Ich weiß, wo der ist. Gleich rechts um die Ecke." Draußen schneit es jetzt richtig.
„Juhu!", ruft Karlchen. „Hoffentlich bleibt der Schnee bis Weihnachten liegen!"
Rechts um die Ecke ist kein Weihnachtsmarkt, linksherum aber auch nicht.
„Kann ich euch helfen?", fragt eine tiefe Stimme hinter ihnen. Bello bellt, Karlchen und Monika drehen sich um. Der Nikolaus hat einen weißen Bart und einen roten Mantel. Auf dem Kopf trägt er eine goldene Mütze und in der rechten Hand einen langen Stock.
„Wir suchen den Weihnachtsmarkt", sagt Monika und hält Bello fest, weil er an der Leine zieht.
„Seid ihr denn ganz allein unterwegs?", fragt der Nikolaus.
„Meine Mama ist schon vorausgegangen. Glaube ich", sagt Karlchen.
„Der Weihnachtsmarkt ist dort." Der Nikolaus zeigt geradeaus. „Ich begleite euch."
Er geht mit großen Schritten los, aber jetzt fängt Bello noch lauter an zu bellen und zieht in die andere Richtung. „Ruhig, Bello!", sagt Monika und streichelt ihn, aber Bello zieht so stark an der Leine, dass er sich losreißt. Er flitzt ins Kaufhaus und zieht die Leine hinter sich her. Als Karlchen und Monika hinter ihm ins Erdgeschoss laufen, hören sie eine Lautsprecherstimme: „Monika, Karlchen und der Hund Bello

werden gesucht. Bitte melden Sie sich im Kaufhausbüro im dritten Stock, wenn Sie die drei gesehen haben."

Mama ist sehr froh, als sie im Büro auftauchen. „Jetzt aber los zum Weihnachtsmarkt!", sagt sie. Karlchen und Monika fahren dreimal mit dem Karussell, danach gibt es noch Zuckerwatte und eine Tüte mit gebrannten Mandeln. Bello bekommt zur Belohnung ein Würstchen und einen schönen roten neuen Ball.

Wo sind: Karlchen, Monika, Bello, Mama und der Nikolaus?

Auflösung auf Seite 110

Das Vogelhäuschen

„Warum halten wir eigentlich keinen Winterschlaf?", fragt Karlchen.
„Wahrscheinlich, weil wir auch so gut durch den Winter kommen", sagt Papa.
„Wir ziehen Mützen, Schals und warme Schuhe an, wir haben eine Heizung in der Wohnung, und wir können uns Essen kaufen. Das können Murmeltiere, Igel und Fledermäuse ja nicht – sie finden im Winter nicht genug zu essen. Da ist es viel praktischer, einfach durchzuschlafen, bis es wieder wärmer wird."
„Und warum machen dann die Vögel keinen Winterschlaf?", fragt Karlchen.
„Die Vögel finden eigentlich genug Essen im Winter. Unter den Baumrinden gibt es kleine Insekten, und vom Sommer hängen noch Samen und Körnchen an den Pflanzen. Aber wenn es richtig kalt wird und es viel Schnee und Eis gibt, dann kann man die Vögel auch mal füttern. Und dabei lassen sie sich gut beobachten."
„Schaut mal", sagt Mama, „der Vogel dort mit dem schwarzen Mützchen ist eine Kohlmeise. Sie mag am liebsten Sonnenblumenkerne."
„Ole hat ein Vogelhäuschen vor seinem Fenster", sagt Karlchen, „wir könnten doch auch eines kaufen."
„Wir bauen selber eins", sagt Papa, „und ich weiß auch schon, wie. Du musst mir aber dabei helfen, Karlchen."

Wir brauchen:
1 leerer Milchkarton (z. B. Tetrapak)
Draht oder Schnur
1 scharfes Messer
1 runder Holzstab, ca. 15 cm lang
wetterfeste Acrylfarbe
farblosen Lack

Zuerst wird ein Milchkarton richtig sauber ausgespült.
In zwei gegenüberliegende Seiten der Packung schneidet Papa mit einem scharfen Messer je ein rundes Loch; etwas darunter ritzt er je ein kleines Kreuz. Dort wird später der Holzstab durchgesteckt.
Ganz oben in die Mitte kommt ein Loch zum Aufhängen.

— SCHNITTLINIEN

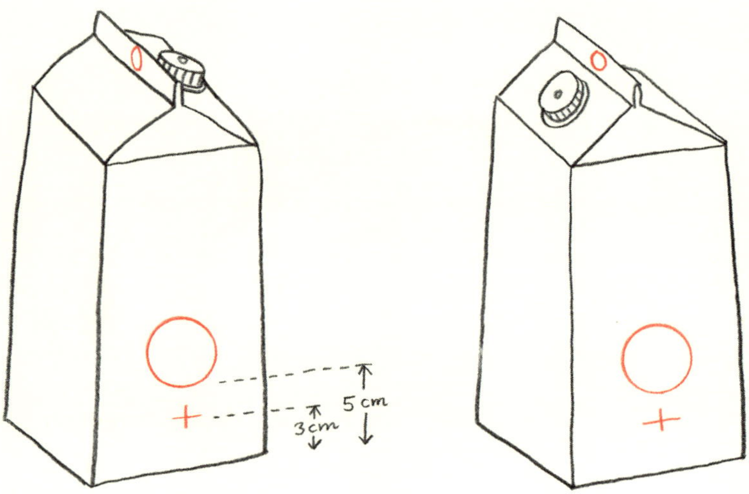

„Jetzt bist du an der Reihe, Karlchen", sagt Papa. „Das Vogelhäuschen soll richtig schön aussehen, wenn es nachher im Baum hängt. Hier sind Farben und Pinsel!" „Ich male Blumen drauf und eine Sonne", sagt Karlchen. „Das ist eine gute Idee", sagt Mama, „dann können sich die Vögel auf den Frühling freuen."

Als die Farben trocken sind, überstreicht Papa alles noch mit farblosem Lack, damit das Vogelhäuschen vor Regen und Schnee geschützt ist.

Am nächsten Morgen ist der Lack trocken, und Karlchen kann den Holzstab durch die eingeritzten Stellen stecken. Mama zieht eine rote Schnur oben durch die Öffnung – und fertig ist das Vogelhäuschen. „Gibst du den Vögeln ein paar Sonnenblumen- und Kürbiskerne von deinem Müsli ab?", fragt Papa. „Dann können wir das Vogelhäuschen gleich draußen aufhängen."

Murmelmärchen

Eine Weihnachtsgeschichte

Max hatte geträumt. Vom Frühling, von jungen Kleeblättern in der Sonne, von Purzelbäumen im Gras und von Löwenzahnknospen. Die aß er zum Frühstück am allerliebsten.

Dann war er von einem Geräusch aufgewacht. Zuerst wusste er überhaupt nicht, wo er war. Es war stockfinster, warm und weich und sehr eng. Nicht einmal ein Bein konnte er ausstrecken. Er blinzelte in die Dunkelheit und schnupperte ein bisschen. So richtig gut roch es hier nicht, stellte er fest. Er spitzte die Ohren, denn jetzt konnte er es deutlich hören. Jemand schnaufte, gähnte und murmelte vor sich hin: „Oh bitte, nicht schon wieder! Das ist jetzt bereits das dritte Mal in diesem Winter, dass ich aufstehen muss."

Dann hörte Max lautes Rascheln und Stöhnen. Er setzte sich auf, und da fiel es ihm wieder ein:

Es war Winter, und er lag, zusammengerollt mit der ganzen Murmeltierfamilie, in der gemütlichsten Höhle der Welt beim Winterschlaf. Jetzt erkannte er auch die Stimme, die vor sich hin schimpfte und immer lauter wurde: „Aufwachen! Zeit für eine Pinkel-Schlaf-Pause! Aufstehen!" Jemand knuffte Max in die Seite.

„Ich muss überhaupt nicht", sagte eine kleine Stimme neben ihm. „Hallo, Marie", sagte Max. „Ich muss auch nicht. Aber du kennst ja Opa. Er ist der Boss. Wenn er rausmuss, müssen alle raus. Wenn die Höhle schon mal aufgemacht werden muss!"

„Trotzdem. Ich will nicht raus in den Schnee und in die Kälte", flüsterte Marie.

„Hier wird erst gar nicht diskutiert." Mama Murmeltier tastete nach ihrem Jüngsten, das neben ihr noch fest schlief. „Je schneller wir draußen sind, desto schneller sind wir wieder drin."
„Altes Murmeltiersprichwort", lachte Papa und gähnte laut. „Sind jetzt alle wach? Was ist zum Beispiel mit Tante Martha? Martha, bist du da?"
„Selbstverständlich", antwortete Martha empört. „Ich bin schon längst auf dem Weg." Alle bewegten sich jetzt schläfrig und langsam in einer langen Reihe auf den Höhleneingang zu. Der Gang stieg steil an und war über 20 Meter lang.
„1, 2, 3, 4, Murmeltier; 5 und 6 und 7, 8, und das mitten in der Nacht." Onkel Magnus stand an der Seite und zählte: „20 Tiere müsst ich sehn, doch wo sind die andern 10?"
„12, Onkel Magnus", sagte Max, „es fehlen noch 12." Onkel Magnus konnte sehr gut reimen, aber sehr schlecht rechnen. Als er endlich alle Murmeltiere abgezählt hatte, pfiff er einmal laut und kam dann atemlos als Letzter oben an. Opa war mit den Vettern Martin, Malte und Manfred schon dabei, die Höhle zu öffnen. Schwere Steine mussten weggerollt und Erde beiseitegeschafft werden.

„Jemand müsste mal die Tür erfinden", stöhnte Martin, „dann wäre das nicht jedes Mal so ein Theater!"
„Neumodischer Kram", sagte Opa, und da spürten alle schon den ersten kalten Luftzug.
„Jetzt aber Beeilung", sagte Tante Martha, „nicht herumtrödeln! Die Mädchen gehen nach links und die Jungs nach rechts!"
Es war fast so hell wie am Tag. Der Mond schien auf die geschlossene weiße Schneedecke. Nur kahles Gebüsch und ein paar kleine Tannenbäumchen schauten dunkel aus dem Schnee hervor. Es war schrecklich kalt, und Max suchte sich einen Platz bei einer

kleinen Tanne. Es ist gar nicht so einfach, wenn man eigentlich nicht muss, dachte er gerade, als er ein komisches Geräusch hörte. Es kam direkt von rechts, wo ein Tannenzweig tief in den Schnee herabhing. Es klingelt, wunderte sich Max, hob den Zweig vorsichtig etwas an und traute seinen Augen nicht: Unter der Tanne blühte eine kleine Frühlingswiese mit Veilchen, Anemonen und winzigen Leberblümchen. Dazwischen Gänseblümchen, Huflattich und Schlüsselblumen. Das Schneeglöckchen in der Mitte klingelte noch einmal und lachte leise: „Heute ist doch Weihnachten, Max! Schau mal in den Himmel!" Max schaute hoch. Der Himmel war übersät mit Sternen und die Milchstraße ein breites Band direkt über ihm. „Oh!", sagte Max. Zwischen zwei Bergspitzen strahlte ein besonders großer rötlicher Stern. Er flackerte ein wenig, setzte sich in Bewegung und verglühte in einem schönen Bogen als Sternschnuppe am nächtlichen Himmel.

„Habt ihr das gesehen?", fragte Tante Martha. Alle Murmeltiere standen im Schnee und schauten nach oben. Es war sehr still.

„Schön", sagte Marie, „so etwas Schönes habe ich noch nie gesehen."

„Na also", sagte Opa und räusperte sich, „manchmal muss man eben hinaus in die Welt, um etwas zu erleben. Jetzt aber zurück ins warme Nest! Es dauert ja noch eine ganze Weile, bis es Frühling wird." Alle setzten sich wieder in Bewegung und suchten ihren Schlafplatz. Die ganze Murmeltierfamilie rollte sich eng im weichen Heu zusammen und war kurz darauf schon wieder fest eingeschlafen. Nur Max lag noch lange wach. Er knabberte an einem Kleeblatt, das er unter der kleinen Tanne gefunden hatte, und dann, kurz bevor er einschlief, hörte er es noch einmal ganz leise klingeln.

Weißt du, wie viel Sternlein stehen?

2. Weißt du, wie viel Mücklein spielen
in der hellen Sonnenglut?
Wie viel Fischlein auch sich kühlen
in der hellen Wasserflut?

Gott, der Herr, rief sie mit Namen,
dass sie all' ins Leben kamen,
dass sie nun so fröhlich sind
dass sie nun so fröhlich sind.

Über die Sterne

„Wie viele Sterne gibt es eigentlich, Mama?", fragt Karlchen nach dem Gutenachtlied.
„So viele, dass man sie nicht zählen kann, Karlchen. Manche sind so weit weg, dass man sie nur als winzige Pünktchen am Himmel erkennt. Andere, die der Erde näher sind, sehen größer aus. Und ein ganz besonderer Stern ist sogar so nah, dass wir ihn auch tagsüber sehen können. Du kennst ihn auch. Weißt du, welchen Stern ich meine?"
„Wahrscheinlich den großen roten Weihnachtsstern, den uns Tante Lene letztes Jahr zu Weihnachten geschenkt hat, Mama", sagt Karlchen.
„Nein, ich meine einen echten Stern am Himmel. Er ist so groß und hell, dass er uns sogar wärmt und den ganzen Tag leuchtet."
„Die Sonne ist doch kein Stern, Mama!"
„Doch, auch wenn sie nicht so aussieht wie die Sterne im Bilderbuch oder an unserem Weihnachtsbaum."
„Dann ist der Mond vielleicht auch ein Stern, Mama."
„Nein, Karlchen, der Mond ist kein Stern, weil er nicht selber leuchten kann. Das sieht nur so aus, weil ihn die Sonne anstrahlt. Die Sonne und die Sterne leuchten, weil sie sehr heiß sind. Und dann gibt es noch Planeten, wie unsere Erde, die um die Sonne herumkreisen."
„Und wenn ich mit dem ganz großen Fernglas von Onkel Willi nachts in den Himmel schaue, kann ich dann alle Sterne sehen?", fragt Karlchen.
„Vielleicht tausend, mehr nicht, weil es bei uns mit den vielen Lichtern, Straßenlaternen und Leuchtreklamen nicht dunkel genug ist. Bei den Murmeltieren, hoch oben auf dem Berg, kann man schon viel mehr Sterne sehen. Aber es gibt auch noch ganz besondere Ferngläser, die Teleskope, mit denen kann man sogar Millionen Sterne sehen."
„Wie viel ist eine Million, Mama?"
„Sehr, sehr viel. Das kann man sich gar nicht richtig vorstellen. 10 mal 10 mal 10 mal 10 mal 10 mal 10."
„Mit Papa habe ich im Sommer Millionen Sternschnuppen gesehen."
„Das ist sehr schön, Karlchen. Auch weil man sagt, dass man sich dann etwas wünschen kann."
„Ja, man darf es aber nicht weitersagen. Ich habe mir im Sommer schon etwas für Weihnachten gewünscht, Mama. Und weil ich es nicht weitergesagt habe, hat es vorgestern wirklich geschneit."
„Das war ein schöner Wunsch, Karlchen, vor allem, weil nicht nur du dich darüber freust, sondern auch alle anderen Kinder."
„Alle Kinder, Mama? Wie viele Kinder gibt es denn überhaupt auf der Welt?"
„Nicht ganz so viele wie Sterne, aber doch auch viele Millionen. Und du bist eines davon, und zwar eines, das jetzt sehr müde ist. Schlaf gut, Karlchen, gute Nacht."

Sterne backen

„Heute fangen wir mit der Weihnachtsbäckerei an", sagt Mama beim Frühstück.
„Ich möchte am liebsten Sterne für Weihnachten backen", sagt Karlchen, „und eine Plätzchensonne und Planeten und den Mond."
„Wenn du heute Nachmittag aus dem Kindergarten kommst, fangen wir gleich damit an. Ich habe gestern schon den Teig gemacht."

Schwedische Pfefferkuchen: Sonne, Mond und Sterne

Zucker, Sirup und Wasser zusammen mit den Gewürzen aufkochen lassen. Zur Seite stellen und leicht abkühlen lassen. Dann nach und nach die Butter unterrühren. Das Mehl mit dem Natron mischen und dazugeben. Das Ganze schnell zu einem glatten Teig verarbeiten und bis zum nächsten Tag zugedeckt kalt stellen. Den jetzt sehr festen Teig weich kneten und möglichst dünn ausrollen. (Wenn der Teig zu klebrig ist, zwischen Frischhaltefolie ausrollen.) Dann die Plätzchen wie gewohnt ausstechen und auf ein Backblech mit Backpapier legen.
Bei 200 °C auf mittlerer Schiene 5–10 Min. backen.

Vorsicht: Da der Teig so dünn ausgerollt wird, können die Plätzchen leicht verbrennen!

Zutaten:
255 g Zucker
50 ml Zuckerrübensirup (ersatzweise Honig)
100 ml Wasser
Gemahlene Gewürze:
½ EL Zimt
½ TL Kardamom
½ EL Ingwer
½ TL Nelken
200 g Butter
600 g Weizenmehl
2 TL Natron

Zum Verzieren:
Puderzucker
Zitronensaft
Lebensmittelfarben
Schokolade oder Kakao

Sterne basteln

„Wenn alle Kerzen am Adventskranz brennen, dann ist Weihnachten", sagt Karlchen am Sonntagnachmittag. „Noch nicht ganz", sagt Mama und zündet die vierte Kerze an. „Heute ist der vierte Adventssonntag vor Weihnachten. Heiligabend ist dieses Jahr an einem Mittwoch. Wie oft musst du also noch schlafen, Karlchen?"
„Montag, Dienstag, Mittwoch. Dreimal, Mama. Was können wir denn so lange machen?"
Mama stellt einen großen Teller mit Plätzchen auf den Tisch. „Wir haben wunderschöne Sternenkekse gebacken. Jetzt machen wir auch noch Sterne als Weihnachtsschmuck."

Karlchens Scherenschnitt-Sterne

Wir brauchen:
quadratische Papiere in verschiedenen Farben und Größen
Klebestift

Die Größe des Papierquadrats kann man frei wählen. Es wird viermal gefaltet und zuletzt so abgeschnitten, dass ein Stern mit schönen Zacken entsteht. Jetzt von rechts und links mit einer kleineren Schere Muster in das gefaltete Papier schneiden. Zwischendurch kann man den Stern zur Kontrolle auf- und wieder zufalten. Auf die gleiche Art kann man auch schöne Schneeflocken basteln.

Mamas bunte Fenstersterne

Wir brauchen:
Transparentpapier (Drachenpapier) in vielen Farben
Klebestift
Nadel und Faden zum Aufhängen

Mamas Stern wird zweifarbig. Sie nimmt ihre Lieblingsfarben: Rot und Blau. Zuerst schneidet man 16 gleiche Rechtecke zu, 8 rote und 8 blaue. Sie müssen genau gleich abgemessen werden, zum Beispiel 5 x 10 cm. Jetzt werden die 16 Zacken einzeln gefaltet und zum Schluss – abwechselnd rot und blau – immer an der Mittelkante zu einem Stern zusammengeklebt.

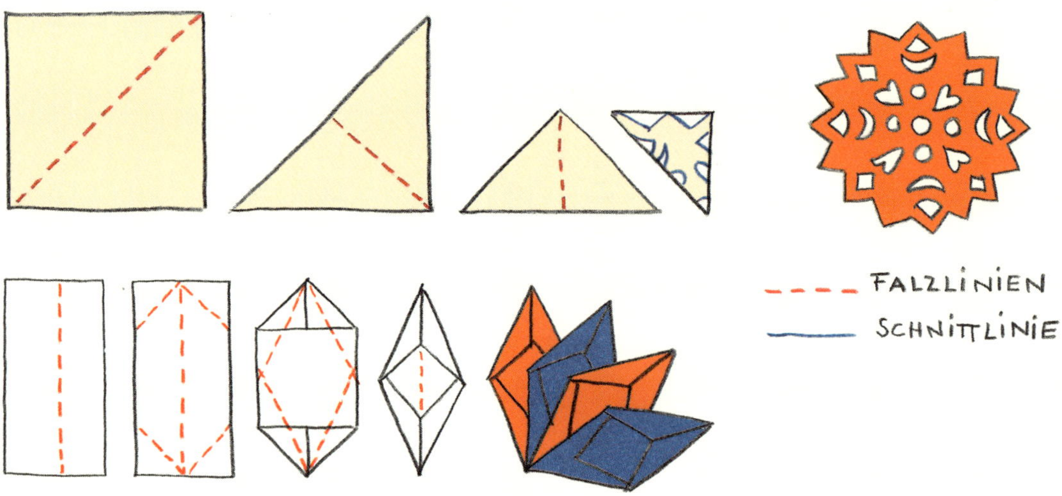

Heiligabend bei Familie Nickel

Gleich nach dem Aufstehen haben Mama und Karlchen alle  mit den neuen  geschmückt. Die  scheint durch das bunte Papier, und es sieht schön weihnachtlich aus. Papa war schon unterwegs und freut sich auf das Frühstück.
„Was wollen wir denn heute machen, bis es dunkel wird?“, fragt Karlchen.
„Dieses Jahr machen wir ein Winterpicknick, ich habe schon alles vorbereitet“, sagt Papa.
Er setzt Klara in den Tragerucksack, Mama und Karlchen nehmen ihre , und schon geht es los. Es ist kalt, der Schnee liegt hoch, und alle haben dicke Jacken an und  auf. „Weißt du noch, wo wir beim Drachensteigen waren?“, fragt Mama. „Dort machen wir heute Picknick.“ Der Weg führt durch den Wald, der Schnee glitzert in der , und Karlchen sieht Spuren im Schnee. „Die hier sind von einem Reh“, sagt Papa. „Und die hier von einer .“ Karlchen zeigt auf eine Spur, die quer über den Waldweg läuft. Oben auf dem kleinen Hügel gibt es eine Bank und einen . Mama holt einen kleinen  und eine Thermoskanne aus ihrem Rucksack. „Und was ist das?“, fragt Karlchen und zeigt auf ein kleines eckiges Gerät aus Metall. „Überraschung“, sagt Mama und zündet zwei weiße Würfel in dem Gerät mit einem 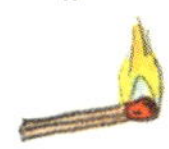 an. „Das ist ein Kocher, und damit können wir unsere Weihnachtssuppe warm machen.“ Jeder bekommt eine  und einen , und Mama verteilt die heiße Linsensuppe. Danach gibt es Tee aus der Thermoskanne mit Weihnachtsplätzchen. Klara ist müde und schläft in ihrer Trage, während Mama und Karlchen einen großen  bauen. „Gut, dass ich an ein  gedacht habe“, sagt Mama und setzt dem noch den  auf.
„Den  gibt es aber nur leihweise, lieber Herr Schneemann, den müssen wir nachher wieder mitnehmen.“
Auf dem Heimweg wird es schon ein bisschen dunkel, und alle singen: „Vom Himmel hoch, o Engel, kommt“. Als sie an ihrem  ankommen, gehen die Straßenlaternen an, und es ist endlich Zeit für die Bescherung.

Zum Schluss

Das Buch ist aus,
das Jahr ist um,
dreh dich im Kreis
einmal herum,
zähl drei mal acht
um Mitternacht,
aus Alt ist Neu
ganz schnell gemacht:

Nimm statt Äpfel
einfach Birnen,
steig auf Bäume,
zieh die Wurzel,
fall aus Wolken,
lass es regnen,
sag mal Nein!

Zähl die Sterne,
guck in Lüfte,
schließ die Augen,
schau dahinter,
geh auf Händen,
springe, renne,
querfeldein!

Buchstabier mal
Pfannekuchen,
träume lange,
spann die Flügel,
fliege niedrig,
schrei mal leise,
trödel rum!

Koch den Brei mal
mit Zibeben,
steck die Nase
in die Töpfe,
bohre Löcher
in die Bäuche,
frag, warum?

Such zu Hause
Labyrinthe,
finde Schätze
hinterm Ofen,
geh mal rückwärts
und verirr dich
unterm Tisch!

Fang die Feste,
wenn sie fallen,
merk dir sieben
Zaubersprüche,
sprich mit Tieren,
schwimm stromaufwärts,
sei ein Fisch!

Alphabetisches Register

Rezepte

Spiele und Basteln

Lieder

Auflösungen und Anmerkungen

Seite 33 | **Ausflug im Frühling**
Der Frosch hat sich im Baum versteckt.

Seite 59 | **Eiszauber**
Durch das Salz schmilzt das Eis. Weil es kurz darauf wieder gefriert, friert auch der Faden im Eis fest.

Seite 59 | **Zauberbilder**
Auf ein Stück schwarzes Tonpapier wird mit schwarzer Wachsmalkreide z. B. ein Gesicht aufgemalt.
Das Zauberpulver ist einfaches Mehl, das über das Papier geschüttet wird. Durch das Mehl, das nach dem Pusten auf der Wachsfarbe hängenbleibt, wird das Bild sichtbar.

Seite 61 | **Nachtausflug**
Der Igel raschelt im Gras, das Käuzchen ruft auf dem Ast, die Fledermaus piepst im Baum.

Seite 62 | **Rätselgedicht**
von Christian Morgenstern
Auflösung: Die Vogelscheuche (siehe auch S. 69)

Seite 68 | **Kürbistag**
Monika hat einen weißen Patissonkürbis dabei. Friedrich und Wilhelm machen ihre Eule aus zwei Feigenblattkürbissen.

Seite 82 | **Apfeltag**
Im Apfel ganz oben rechts hat sich ein kleiner Wurm versteckt.

Seite 95 | **Die Stadt im Winter**
Karlchen ist oben im Kaufhaus auf der Rolltreppe. Monika und Bello sind auf der mittleren Rolltreppe, und Mama ist in der Wäscheabteilung vom Kaufhaus. Der Nikolaus ist rechts unten in der Menschenmenge.

Quellen

Seite 15 | **Es war eine Mutter**
Volksweise
3. Strophe © Rotraut Susanne Berner 2015

Seite 16 | **Das Ei**
Joachim Ringelnatz (1883–1934)

Seite 31 | **Der Kuckuck und der Esel**
Text: Hoffmann von Fallersleben (1798–1874)
Melodie: Carl Friedrich Zelter (1758–1832)

Seite 36–37 | **Vom dicken fetten Pfannkuchen**
Frei nacherzählt © Rotraut Susanne Berner 2015
1854 zuerst veröffentlicht von Carl und Theodor Colshorn in der Sammlung *Märchen und Sagen aus Hannover*

Seite 38 | **Wie sich das Galgenkind die Monatsnamen merkt**
Christian Morgenstern (1871–1914)

Seite 41 | **Heut ist ein Fest bei den Fröschen am See**
Volksweise | Kanon

Seite 42 | **Das Samenkorn**
Joachim Ringelnatz (1883–1934)

Seite 49 | **Morgens früh um sechs kommt die kleine Hex**
Volksweise

Seite 55 | **Summ, summ, summ, Bienchen, summ herum**
Text: Hoffmann von Fallersleben (1798–1874)
Melodie: Volksweise aus Böhmen

Seite 62 | **Rätselgedicht**
Christian Morgenstern (1871–1914)

Seite 73 / **Laurentia, liebe Laurentia mein**
Volksweise, seit etwa 1800 überliefert

Seite 83 | **Apfelgedicht**
© Rotraut Susanne Berner 2015

Seite 83 | **In meinem kleinen Apfel**
Text: Volksweise
Melodie: Wolfgang Amadeus Mozart (1756–1791)

Seite 84 | **Du liebe Zeit**
Unbekannter Verfasser

Seite 91 | **Vom Himmel hoch, o Engel, kommt!**
Text: nach Friedrich Spee (1591–1635)
Melodie: Paderborn 1616, Gesangbuch Peter von Brachel, Köln 1623

Seite 101 | **Weißt du, wie viel Sternlein stehen?**
Text: Wilhelm Hey (1789–1854)
Melodie: Volksweise

Seite 106 / **Zum Schluss**
© Rotraut Susanne Berner 2015

Das ist Rotraut Susanne Berner, die dieses Buch geschrieben und illustriert hat. Es gibt noch viele andere Bücher von ihr, die meisten für Kinder. Das erste Karlchen-Buch „Gute Nacht, Karlchen" erschien 2001. Inzwischen gibt es über Karlchen und seine Welt viele Bilderbücher und Erzählbände, ein Quartett, ein Memo-Spiel und eine Handpuppe. Im Hanser Verlag sind unter anderem erschienen: „Der Zahlenteufel" von Hans Magnus Enzensberger, „Der Füsch" von Hanna Johansen, „Wenn ich mir etwas wünschen könnte" von Franz Hohler und „ABC, die Katze lief im Schnee" mit eigenen Reimen. Rotraut Susanne Berner lebt in München, ist Herausgeberin der „Tollen Hefte" und Kuratorin der Stiftung Illustration. Bekannt ist sie vor allem durch ihre jahreszeitlichen Wimmelbücher. Sie wurde mit vielen Preisen ausgezeichnet, unter anderem 2006 mit dem Sonderpreis des Deutschen Jugendliteraturpreises für ihr Gesamtwerk.

2. Auflage 2019

ISBN 978-3-446-24949-3

Gesamtgestaltung: Rotraut Susanne Berner und Stefanie Schelleis
Gesetzt aus der Myriad Pro | Lithos: Fotosatz Amann, Memmingen
Druck und Bindung: TBB, a.s., Banská Bystrica | Printed in Slovak Republic

MIX
Aus verantwortungsvollen Quellen
FSC® C022120

TANTE LENE
ONKEL WILLI
KÄTHE
OMA
SCHULE
KINDERGARTEN
MONIKA
BELLO
KARL